Marlene Fritsch (Hg.)
Froh zu sein bedarf es wenig …

Marlene Fritsch (Hg.)

Froh zu sein
bedarf es wenig …

Ein Vorlesebuch

Kaufmann Verlag

Bibliografische Information der Deutschen Bibliothek
Die Deutsche Bibliothek verzeichnet diese Publikation in der Deutschen
Nationalbibliografie; detaillierte bibliografische Daten sind im Internet
über http://dnb.ddb.de abrufbar.

1. Auflage 2016
© 2016 Verlag Ernst Kaufmann, Lahr

Cover: © drubig-foto, Fotolia.com
Druck und Bindung: CPI books, Ulm

ISBN 978-3-7806-3182-4

Inhaltsverzeichnis

Eingemachte Freude   9

O schönes Auferdensein!
Freude ist eine Lebenseinstellung

Regeln für einen glücklichen Tag   *Aus Brasilien*   12

Freude und Schmerz   *Khalil Gibran*   13

Play it again!   *Paulo Coelho*   15

Und ich darf noch   *Joachim Ringelnatz*   16

Der Müller ohne Sorgen   *Karl Müllendorf*   17

Die Kuh im Wohnzimmer   *Anthony de Mello*   18

Anekdote zur Senkung der Arbeitsmoral
   Heinrich Böll   19

Alle Tage   *Catharina Elisabeth Goethe*   24

Der Zar und das Hemd   *Leo Tolstoi*   24

Morgenwonne   *Joachim Ringelnatz*   26

Wer war die Glücklichste?
   Hans Christian Andersen   27

Vertraut   *Wilhelm Busch*   34

Das Auto   *Lily Brett*   34

Die Welt ist allezeit schön
   Barthold Heinrich Brockes   38

Den Himmel finden   *Otto Ludwig*   38

Der Geizige   *Gotthold Ephraim Lessing*   39

Tanzen   *Sören Kierkegaard*   40

Glück   *Clemens Brentano*   41

Das Ideal   *Kurt Tucholsky*   42

Das Märchen vom Glück   *Erich Kästner*   44

Kleine Glücke
Achtsam Freude im Alltag finden

Wo sich Freude versteckt   *Leoni Frisch*   50

Ein Kräutergarten für die Seele   *Pierre Stutz*   51

Seligpreisungen   *Die kleinen Schwestern
des Charles de Foucauld, Paris*   53

Die Rose   *Unbekannter Verfasser*   54

Was trägt   *Aurelius Augustinus*   55

Mit freundlichen Grüßen   *Peter Bichsel*   56

Sonne   *Ute Latendorf*   60

Ein schöner Tag   *Anthony de Mello*   61

Ohne Anstrengung   *Theodor Fontane*   62

Wenn du sprichst   *Else Lasker-Schüler*   62

Aus dem Leben ein Fest machen   *Petra Urban*   63

Kleine Glücke   *Theodor Fontane*   67

Täglich   *Vreni Merz*   68

Herrlicher Tag   *Rosa Luxemburg*   69

Ich liebe   *Jörg Zink*   70

Täglich zu singen   *Matthias Claudius*   72

Ganz einfach   *Robert Louis Stevenson*   73

Mittwochs im Mai   *Anne Steinwart*   74

Das Schwere leicht nehmen
Freude auch an dunklen Tagen finden

Flügel wachsen lassen   *Christa Spilling-Nöker* 76

Schwebende Zukunft   *Joachim Ringelnatz* 77

Die beste Medizin   *Phil Bosmans* 78

Schale sein   *Bruno Dörig*........................ 79

Vergessen können   *Hannah Valentin* 80

Die Kunst des Clowns   *Phil Bosmans* 80

Geduld   *Teresa von Ávila* 82

Blues   *Joachim Ringelnatz* 84

Nicht heute   *Anne Steinwart* 85

Was für ein Tag!   *Leoni Frisch* 86

Daseinsgenuss   *Theodor Fontane* 88

Mensch sein   *Rosa Luxemburg* 88

Vergiss die Träume nicht   *Irischer Segenswunsch* 89

Wanderlust   *Wilhelm Busch* 90

Humor ist der Regenschirm des Weisen
Sachen zum Lachen

Ein Ehepaar erzählt einen Witz   *Kurt Tucholsky* 92

Kleine Fabel   *Franz Kafka* 98

Aurelias unglücklicher Bräutigam   *Mark Twain* 98

Die alte Sorge   *Wilhelm Busch* 103

Ich gehe mit einer langen Frau   *Kurt Tucholsky* 104

Ein Wort gibt das andere   *Johann Peter Hebel* 107

Mehr Glück als Verstand   *Mark Twain* 108

Märchen   *Kurt Tucholsky* 117

Charité-Vorfall   *Heinrich von Kleist* 118

Auf einen Blick 120

Quellenverzeichnis 126

Eingemachte Freude

Letzte Woche habe ich meine Freundin besucht. Sie war gerade erst umgezogen und saß noch ziemlich zwischen Kisten und Kästen. Eigentlich war nur das, was man wirklich zum täglichen Leben braucht, schon so weit eingerichtet: der Küchentisch stand, die Tassen waren im Schrank, im Wohnzimmer zwei Stühle und eine Kiste als Tisch, im Schlafzimmer die Betten und im Arbeitszimmer der Schreibtisch. Und hier, an prominenter Stelle, ein großes Einmachglas, zur Hälfte gefüllt mit kleinen zusammengerollten Zetteln.

„Was ist denn da drin?", wollte ich neugierig wissen. Meine Freundin sah mich mit glänzenden Augen an. „Das ist mein Schöne-Momente-Erinnerungsglas", antwortete sie. „Aha", meinte ich, „und wie funktioniert das?" „Ganz einfach: Immer, wenn ich einen besonders schönen Tag oder auch nur einen besonders schönen Moment erlebe, den ich nicht vergessen will, nehme ich mir abends einen Zettel, schreibe eine kurze Notiz und das Datum dazu, rolle den Zettel auf und sammle all diese Momente in meinem Glas. Das mache ich so ab dem 1. Januar, und am 31. Dezember jedes Jahres nehme ich mir die Zeit, mir all die schönen Momente noch einmal anzusehen und in Erinnerung zu rufen. Es ist wirklich verblüffend, was für eine reiche ‚Ernte' da zusammenkommt!"

Das hat mich sehr beeindruckt. Ich merke bei mir selbst, dass die Zeit oft genug einfach nur an mir vorbeirauscht, und ich mir manchmal nicht mal mehr merken kann, was ich in einem bestimmten Jahr alles erlebt habe, ob an Schönem oder Schmerzhaftem. Da kann ein solches Glas schon eine echte Hilfe sein. Und noch etwas hat mich berührt: dass auch die kleinen Glücksmomente darin ihren Platz finden und bewahrt werden. So oft denke ich: Wie schön dieser Vogel singt! Oder: Was ein tolles Gespräch, so ganz unverhofft. Aber diese Erlebnisse, die einen Tag wirklich zu etwas Besonderem machen, verschwimmen dann irgendwie im Strom des Alltags und gehen darin unter. Ein ganzes Glas voller „eingemachter Freude" kann da so etwas wie ein Floß sein, ein Schiffchen, in dem all das seinen Platz findet. Und noch etwas steckt darin: In Zeiten, in denen es alles andere als rosig ist, in denen der Alltag schwer auf der Schulter lastet und das Lachen eher eine Erinnerung zu sein scheint, helfen die vielen Zettelchen, selbst in den dunklen Tagen das Schöne zu entdecken, darauf zu vertrauen, dass auch wieder andere Zeiten kommen.

Mögen die folgenden Texte für Sie, liebe Leserin, lieber Leser, ein solcher „Zettelkasten" sein, der Ihnen immer dann, wenn Sie es brauchen, zeigt: Froh zu sein bedarf es wenig – und wer froh ist, ist ein König!

Marlene Fritsch, im Frühjahr 2016

O schönes
Auferdensein!
Freude ist eine
Lebenseinstellung

Regeln für einen glücklichen Tag

Lobe jeden Tag drei Personen;
erlebe wenigstens einmal im Jahr
einen Sonnenaufgang;
sieh den Menschen in die Augen, mit denen
du sprichst;
lerne ein Musikinstrument spielen;
singe unter der Dusche;
gib weniger aus, als du verdienst;
beherrsche drei gute Witze;
spende Blut;
sei immer auf der Suche nach neuen Freunden;
behalte Dinge für dich, die dir anvertraut wurden;
überrasche Menschen, die du magst, mit kleinen
Geschenken;
akzeptiere immer eine Entschuldigung;
erkenne deine Fehler;
fahre häufiger mit dem Fahrrad;
behalte die Namen deiner Mitmenschen.

Aus Brasilien

Freude und Schmerz

Dann sagte eine Frau: Erzähl uns von der Freude und vom Schmerz.

Und er antwortete:

Eure Freude ist euer Schmerz ohne Maske.

Und der gleiche Brunnen, aus der euer Lachen stieg, war viele Male angefüllt mit euren Tränen.

Und wie könnte es anders sein?

Je tiefer sich der Schmerz in euer Sein eingräbt, desto mehr Freude könnt ihr fassen.

Ist nicht der Krug, aus dem ihr euren Wein trinkt, der gleiche, der im Ofen des Töpfers gebrannt wurde?

Und wurde das Holz der Laute, deren Klänge euren Geist beruhigt, nicht mit Messern geschlagen und bearbeitet?

Wenn ihr fröhlich seid, schaut tief in eure Herzen, und ihr werdet erkennen, dass das, was euch Freude macht, auch das ist, was euch Schmerzen bereitet.

Wenn ihr traurig seid, schaut wiederum tief in eure Herzen, und ihr werdet erkennen, dass ihr in Wahrheit um das trauert, was eure Freude war.

Manche von euch sagen: „Die Freude ist größer als der Schmerz", und andere sagen: „Nein, der Schmerz ist größer als die Freude."

Ich aber sage euch: Sie sind untrennbar.

Sie kommen gemeinsam, und wenn der eine al-

lein mit euch auf der Bank sitzt, denkt daran, dass
der andere schlafend in eurem Bett liegt.

Wahrlich, wie eine Waage pendelt ihr zwischen
eurem Schmerz und eurer Freude. Nur wenn ihr
leer seid, steht ihr still und seid ihr im Gleichge-
wicht.

Wenn der Schatzmeister euch hochhebt, um sein
Gold und sein Silber abzuwiegen, muss entweder
euer Schmerz oder eure Freude nach oben steigen
oder nach unten fallen.

Khalil Gibran

Play it again!

Angela Pontual, eine Freundin des Wanderers, besuchte einmal eine Theateraufführung am Broadway. In der Pause ging sie ins Foyer, um einen Whisky zu trinken. Das Foyer war voller Menschen, die rauchten, redeten, tranken.

Ein Pianist spielte, doch niemand achtete auf die Musik. Angela nippte an ihrem Drink und sah den Musiker an. Er schien gelangweilt, wirkte so, als würde er nur spielen, weil er musste, und als könnte er das Ende der Pause kaum erwarten. Nach einem weiteren Whisky wandte sie sich, schon etwas beschwipst, an den Pianisten.

„Sie sind eine Nervensäge! Warum spielen Sie denn nicht für sich selber?", fuhr sie ihn an.

Der Pianist blickte sie erstaunt an und begann sofort die Stücke zu spielen, die ihm gefielen. Darauf wurde es still im Foyer. Als der Pianist geendet hatte, applaudierten alle begeistert.

Paulo Coelho

Und ich darf noch

Hie und da, dann und wann
Ein Wehweh. Doch im Ganzen:
Ich, der ich nicht tanzen kann,
Sehe gern andere tanzen.

Noch immer in Arbeit gestellt
Und die Arbeit genießend,
Finde ich dich, ausstudierte Welt,
Immer neu fließend.

Gehe durch die Straßen einer Stadt
Um Dinge herum, die stinken.
Was Beine oder keine Beine hat,
Kann blinken und winken.

Ich kann einen Pflasterstein,
Der am Rinnstein liegt, aufheben.
O schönes Auferdensein!
Und ich darf noch leben.

Joachim Ringelnatz

Der Müller ohne Sorgen

Der König kam einst durch Dithmarschen und bei eines Müllers Haus vorbei, an dessen Tür stand geschrieben: „Ich lebe ohne Sorgen." Der König ließ den Müller sogleich zu sich kommen und fragte ihn, wie er sich's einfallen lassen könnte, das über seine Tür zu schreiben, da er, der König selber, es nicht einmal von sich sagen könnte. Der Müller antwortete, es wäre nun einmal so und ließe sich nichts dabei machen. „Nun", sagte der König, „so komme Er morgen früh nur einmal zu mir; dann will ich an Ihn drei Fragen tun, und kann Er die beantworten, will ich's Ihm glauben."

Am andern Morgen kam der Müller. „Guten Morgen, guter Freund", sprach der König, „was meint Er, was ich denke in diesem Augenblick?"

„Ihr meint", antwortete der Müller, „der Müller kommt."

„Allerdings", sagte der König, „aber nun die zweite Frage: Wie schwer ist wohl der Mond?" „Höchstens", antwortete der Müller, „vier Viertel, und wenn Ihr es nicht glauben wollt, müsst Ihr selbst nachwägen."

„Und wie tief ist das Wasser?", fragte der König wieder, und der Müller antwortete: „Einen Steinwurf."

Da lächelte der König und sagte: „Höre Er, Müller, Er ist ein Schalk; aber wenn Er mit allem so schnell fertig werden kann, ist's kein Wunder, dass er keine Sorgen hat." Der König beschenkte darauf den Müller reichlich, und sie sind ihr Lebtage gute Freunde geblieben.

Karl Müllenhoff

Die Kuh im Wohnzimmer

„Ich brauche dringend Hilfe – sonst werde ich verrückt. Meine Frau und ich leben mit Kindern und Schwiegereltern in einem einzigen Raum. Wir sind mit unseren Nerven am Ende, wir brüllen uns an und schreien. Es ist die Hölle."

„Versprichst du, alles zu tun, was ich dir sage?", fragte der Meister.

„Ich schwöre, ich werde alles tun."

„Gut. Wie viele Haustiere hast du?"

„Eine Kuh, eine Ziege und sechs Küken."

„Nimm sie alle zu dir ins Zimmer. Dann komm nach einer Woche wieder."

Der Schüler war entsetzt, aber er hatte versprochen zu gehorchen. Also nahm er die Tiere ins Haus. Eine Woche später kam er wieder, ein Bild des Jammers, und stöhnte: „Ich bin ein nervöses Wrack. Der Schmutz! Der Gestank! Der Lärm! Wir sind alle am Rande des Wahnsinns."

„Geh nach Hause", sagte der Meister, „und bring

die Tiere wieder nach draußen."

Der Mann rannte den ganzen Heimweg. Und kam am nächsten Tag freudestrahlend zurück. „Wie schön ist das Leben! Die Tiere sind draußen. Die Wohnung ist ein Paradies – so ruhig und sauber und so viel Platz!"

Anthony de Mello

Anekdote zur Senkung der Arbeitsmoral

In einem Hafen an der westlichen Küste Europas liegt ein ärmlich gekleideter Mann in seinem Fischerboot und döst. Ein schick angezogener Tourist legt eben einen neuen Farbfilm in seinen Fotoapparat, um das idyllische Bild zu fotografieren: blauer Himmel, grüne See mit friedlichen schneeweißen Wellenkämmen, schwarzes Boot, rote Fischermütze.

Klick. Noch einmal: klick, und da aller guten Dinge drei sind, ein drittes Mal: klick.

Das spröde, fast feindselige Geräusch weckt den dösenden Fischer, der sich schläfrig aufrichtet, schläfrig nach seiner Zigarettenschachtel angelt, aber bevor er das Gesuchte gefunden, hat ihm der eifrige Tourist schon eine Schachtel vor die Nase gehalten, ihm die Zigarette nicht gerade in den

Mund gesteckt, aber in die Hand gelegt, und ein viertes Klick, das des Feuerzeuges, schließt die eilfertige Höflichkeit ab. Durch jenes kaum messbare, nie nachweisbare Zuviel an flinker Höflichkeit ist eine gereizte Verlegenheit entstanden, die der Tourist – der Landessprache mächtig – durch ein Gespräch zu überbrücken versucht.

„Sie werden heute einen guten Fang machen."

Kopfschütteln des Fischers.

„Aber man hat mir gesagt, dass das Wetter günstig ist."

Kopfnicken des Fischers.

„Sie werden also nicht ausfahren?"

Kopfschütteln des Fischers, steigende Nervosität des Touristen. Gewiss liegt ihm das Wohl des ärmlich gekleideten Menschen am Herzen, nagt an ihm die Trauer über die verpasste Gelegenheit.

„Oh, Sie fühlen sich nicht wohl?"

Endlich geht der Fischer von der Zeichensprache zum wahrhaft gesprochenen Wort über. „Ich fühle mich großartig", sagt er. „Ich habe mich nie besser gefühlt."

Er steht auf, reckt sich, als wollte er demonstrieren, wie athletisch er gebaut ist.

„Ich fühle mich fantastisch."

Der Gesichtsausdruck des Touristen wird immer unglücklicher, er kann die Frage nicht mehr unterdrücken, die ihm sozusagen das Herz zu sprengen droht:

„Aber warum fahren Sie dann nicht aus?"

Die Antwort kommt prompt und knapp.

„Weil ich heute Morgen schon ausgefahren bin."

„War der Fang gut?"

„Er war so gut, dass ich nicht noch einmal auszufahren brauche, ich habe vier Hummer in meinen Körben gehabt, fast zwei Dutzend Makrelen gefangen ..."

Der Fischer, endlich erwacht, taut jetzt auf und klopft dem Touristen beruhigend auf die Schultern. Dessen besorgter Gesichtsausdruck erscheint ihm als ein Ausdruck zwar unangebrachter, doch rührender Kümmernis.

„Ich habe sogar für morgen und übermorgen genug", sagt er, um des Fremden Seele zu erleichtern.

„Rauchen Sie eine von meinen?"

„Ja, danke."

Zigaretten werden in Münder gesteckt, ein fünftes Klick, der Fremde setzt sich kopfschüttelnd auf den Bootsrand, legt die Kamera aus der Hand, denn er braucht jetzt beide Hände, um seiner Rede Nachdruck zu verleihen.

„Ich will mich ja nicht in Ihre persönlichen Angelegenheiten mischen", sagt er, „aber stellen Sie sich mal vor, sie führen heute ein zweites, ein drittes, vielleicht sogar ein viertes Mal aus, und Sie würden drei, vier, fünf, vielleicht gar zehn Dutzend Makrelen fangen ... Stellen Sie sich das mal vor."

Der Fischer nickt.

„Sie würden", fährt der Tourist fort, „nicht nur heute, sondern morgen, übermorgen, ja, an jedem günstigen Tag zwei-, dreimal, vielleicht viermal ausfahren – wissen Sie, was geschehen würde?"

Der Fischer schüttelt den Kopf.

„Sie würden sich in spätestens einem Jahr einen Motor kaufen können, in zwei Jahren ein zweites Boot, in drei oder vier Jahren könnten Sie vielleicht einen kleinen Kutter haben, mit zwei Booten oder dem Kutter würden Sie natürlich viel mehr fangen – eines Tages würden Sie zwei Kutter haben, Sie würden ...", die Begeisterung verschlägt ihm für ein paar Augenblicke die Stimme, „Sie würden ein kleines Kühlhaus bauen, vielleicht eine Räucherei, später eine Marinadenfabrik, mit einem eigenen Hubschrauber rundfliegen, die Fischschwärme ausmachen und Ihren Kuttern per Funk Anweisung geben. Sie könnten die Lachsrechte erwerben, ein Fischrestaurant eröffnen, den Hummer ohne Zwischenhändler direkt nach Paris exportieren – und dann ...", wieder verschlägt die Begeisterung dem Fremden die Sprache. Kopfschüttelnd, im tiefsten Herzen betrübt, seiner Urlaubsfreude schon fast verlustig, blickt er auf die friedlich hereinrollende Flut, in der die ungefangenen Fische munter springen.

„Und dann", sagt er, aber wieder verschlägt ihm die Erregung die Sprache. Der Fischer klopft ihm

auf den Rücken wie einem Kind, das sich ver-
schluckt hat.

„Was dann?", fragt der Fischer leise.

„Dann", sagt der Fremde mit stiller Begeisterung, „dann könnten Sie beruhigt hier im Hafen
sitzen, in der Sonne dösen – und auf das herrliche
Meer blicken."

„Aber das tue ich ja schon jetzt", sagt der Fischer,
„ich sitze beruhigt am Hafen und döse, nur Ihr
Klicken hat mich dabei gestört."

Tatsächlich zog der solcherlei belehrte Tourist
nachdenklich von dannen, denn früher hatte er
auch einmal geglaubt, er arbeite, um eines Tages
einmal nicht mehr arbeiten zu müssen, und es blieb
keine Spur von Mitleid mit dem ärmlich gekleideten Fischer in ihm zurück, nur ein wenig Neid.

Heinrich Böll

Alle Tage

Ich freue mich des Lebens, suche keine Dornen,
hasche die kleinen Freuden.
Sind die Türen niedrig, so bücke ich mich.
Kann ich den Stein aus dem Weg räumen,
so tue ich es;
ist er zu schwer, so gehe ich um ihn herum.
So finde ich alle Tage etwas, das mich freut.
Und der Schlussstein, der Glaube an Gott,
macht mein Herz froh und
mein Angesicht fröhlich.

Catharina Elisabeth Goethe

Der Zar und das Hemd

Ein Zar lag schwer krank im Bett und versprach:
„Die Hälfte meines Reiches will ich demjenigen
geben, der mich wieder gesund macht!" Daraufhin
versammelten sich alle Weisen des Landes und
überlegten, wie sie dem Zaren helfen könnten. Aber
keiner hatte eine Idee. Nur einer meinte: „Wenn
man einen glücklichen Menschen findet, ihm sein
Hemd auszieht und es dem Zaren überwirft, dann
wird er gesund werden." Also schickte der Zar Boten aus, die in seinem großen Reich nach einem

glücklichen Menschen suchen sollten. Doch sie fanden keinen einzigen Menschen, der mit seinem Leben wirklich zufrieden und daher glücklich gewesen wäre. Der eine war zwar gesund, aber bettelarm. Und wenn einer sowohl gesund als auch reich war, dann taugte seine Frau nichts oder seine Kinder waren missraten. So hatte jeder einen guten Grund, sich zu beklagen. Doch eines Abends ging der Zarensohn an einer armseligen Hütte vorüber und hörte drinnen jemand sagen: „Nun ist Gott sei Dank meine Arbeit geschafft, ich habe gut verdient, ich bin satt und kann mich nun ruhig schlafen legen. Was sollte ich mir sonst noch wünschen? Ich wüsste nichts!" Der Zarensohn freute sich sehr und eilte gleich nach Hause. Nach seiner Rückkehr in den Palast befahl er, diesem Mann sein Hemd auszuziehen und ihm dafür so viel Geld zu geben, wie er haben wollte, egal, wie viel, und dem Zaren das Hemd zu bringen.

Die Boten eilten zur Hütte dieses glücklichen Menschen, um gegen viel Gold und Silber sein Hemd für den Zaren einzutauschen. Doch der Glückliche war so arm, dass er gar kein Hemd besaß!

Nach Leo Tolstoi

Morgenwonne

Ich bin so knallvergnügt erwacht.
Ich klatsche meine Hüften.
Das Wasser lockt. Die Seife lacht.
Es dürstet mich nach Lüften.
Ein schmuckes Laken macht einen Knicks
und gratuliert mir zum Baden.
Zwei schwarze Schuhe in blankem Wichs
betiteln mich „Euer Gnaden".
Aus meiner tiefsten Seele zieht
mit Nasenflügelbeben
ein ungeheurer Appetit
nach Frühstück und nach Leben.

Joachim Ringelnatz

Wer war die Glücklichste?

„Welch schöne Rosen!", sagte der Sonnenschein. „Und jede Knospe wird sich entfalten und ebenso schön werden. Das sind meine Kinder! Meine Küsse haben sie belebt."

„Meine Kinder sind es", sagte der Tau, „ich habe sie mit meinen Tränen gesäugt."

„Ich sollte doch meinen, dass ich ihre Mutter bin", sagte die Rosenhecke, „ihr andern seid nur Gevattern, die nach Vermögen und gutem Willen ein Patengeschenk gaben."

„Meine lieblichen Rosenkinder!", sagten sie alle drei und wünschten jeder Blume das schönste Glück, aber eine nur konnte die Glücklichste, eine musste die am wenigsten Glückliche werden, aber welche von ihnen?

„Das will ich schon zu wissen bekommen", sagte der Wind, „ich jage weit umher, dränge mich in die engste Ritze und weiß außen und innen Bescheid."

Jede der aufgeblühten Rosen hörte, was gesagt wurde, jede schwellende Knospe vernahm es.

Da kam eine tief betrübte liebevolle, in Trauerkleider gehüllte Mutter in den Garten. Sie pflückte eine von den Rosen, die halb erblüht, frisch und voll war und welche ihr die schönste von allen zu sein schien. Sie trug die Blume in die stille, schweigsame Kammer, wo vor wenigen Tagen noch die junge, lebensfrohe Tochter sich bewegte, welche jetzt, einem schlafenden Marmorbilde gleich, in dem schwarzen Sarge lag. Die Mutter küsste die Tote, küsste darauf die halb erblühte Rose und legte diese auf die Brust des jungen Mädchens, als ob sie durch ihre Frische und den Kuss der Mutter ihr Herz wieder schlagen machen könnte.

Die Rose schien zu schwellen. Jedes Blatt bebte in freudigen Gedanken. „Welch ein Weg der Liebe ist mir vergönnt! Ich werde wie ein Menschenkind, ich bekomme einen Mutterkuss, ich empfange ein Segenswort, und ich gehe mit in das unbekannte Reich, träumend an der Brust der Toten! Gewiss, ich wurde die Glücklichste von allen meinen Schwestern!"

In dem Garten, in welchem der Rosenbusch stand, ging auch die alte Gärtnerin. Auch sie betrachtete die Herrlichkeit des Rosenstrauches, und ihr Auge haftete auf der größten voll erblühten Rose. Ein Tautropfen und ein warmer Tag – und die Blätter würden fallen.

Das sah die Frau und fand, dass die Rose, welche den Gipfel ihrer Schönheit erreicht hatte, auch Nutzen bringen müsse. Sie pflückte sie also und legte sie zwischen ein Zeitungsblatt, um sie mit nach Hause zu andern entblätterten Rosen zu nehmen, um Potpourri davon zu machen, in Gesellschaft mit den kleinen blauen Burschen, die man Lavendel nennt, und sie mit Salz einzubalsamieren.

Balsamiert, das werden nur Rosen und Könige.

„Ich werde am höchsten geehrt!", sagte die Rose, als die Gärtnerin sie pflückte. „Ich werde die Glücklichste! Ich werde balsamiert werden." Zwei junge Männer traten in den Garten, der eine war ein Maler, der andere ein Dichter. Jeder pflückte eine Rose, schön anzusehen.

Und der Maler gab der Leinwand ein Bild der blühenden Rose, so treu, dass diese sich im Spiegel zu sehen glaubte.

„So", sagte der Maler, „soll sie viele Menschenalter leben, während Millionen und abermals Millionen Rosen welken und sterben."

„Ich bin die Begünstigtste", sagte die Rose, „ich gewann des größte Glück!"

Der Dichter betrachtete seine Rose, schrieb ein Gedicht von ihr, eine ganze Mysterie, alles, was er von jedem einzelnen Blatt der Rose las: „Das Bilderbuch der Liebe", es war eine unsterbliche Dichtung.

„Mit ihr bin ich unsterblich", sagte die Rose. „Ich bin die Glücklichste!"

Unter all der Pracht von Rosen war noch eine, welche fast vor den andern verborgen saß. Zufällig – zum Glück vielleicht – hatte sie ein Gebrechen. Sie saß schief auf dem Stängel, und die Blätter der einen Seite entsprachen denen der andern nicht, ja, mitten aus der Blume heraus wuchs sogar ein kleines, verkrüppeltes grünes Blatt. Das kommt wohl zuweilen bei Rosen vor. „Armes Kind", sagte der Wind und küsste ihre Wange. Die Rose glaubte, das sei ein Gruß, ein Liebesgruß; sie hatte ein Bewusstsein davon, dass sie etwas anders geschaffen sei als die andern Rosen und dass ein grünes Blatt mitten aus ihrem Innern herauswachse, und sie betrachtete das als eine Auszeichnung. Ein Schmetterling flatterte auf ihre Blätter herab und küsste sie: Das war ein Freier. Sie ließ ihn wieder fliegen. Dann kam ein gewaltig großer Grashüpfer. Der setzte sich richtig genug auf eine andere Rose und rieb verliebt sein Schienbein (das ist bei den Grashüpfern ein Liebeszeichen). Die Rose, auf welcher er saß, verstand es nicht, aber die Rose mit dem auszeichnenden grünen Blatte in ihrer Mitte verstand es, denn der Grashüpfer betrachtete sie mit Augen, welche sagten: „Ich könnte dich vor Liebe fressen!" Und weiter kann die Liebe doch nicht gehen: Einer geht in dem andern auf! Aber die Rose wollte nicht in dem Springinsfeld aufgehen. Die Nachtigall sang in der sternenklaren Nacht.

„Die singt für mich allein!", sagte die Rose mit dem Gebrechen oder der Auszeichnung. „Weshalb soll ich vor allen meinen Schwestern so ausgezeichnet werden, weshalb ward mir diese Auszeichnung, welche mich zu der Glücklichsten macht?"

Da kamen zwei Herren, welche eine Zigarre rauchten, die sprachen von Rosen und von Tabak. Rosen sollen den Tabaksrauch nicht vertragen kön-

nen, sie sollen die Farbe verändern und grün werden. Die Herren wollten das versuchen. Sie moch-
ten keine von den prächtigsten Rosen nehmen, sie
nahmen die Rose, welche das Gebrechen hatte.

„Welche neue Auszeichnung!", rief diese. „Ich
bin über alle Maßen glücklich, die Allerglücklichste!" Und sie ward grün in Bewusstsein und Tabaksrauch.

Eine Rose, halb noch Knospe, die Schönste vielleicht am ganzen Rosenbusche, erhielt den Ehren-
platz in des Gärtners kunstvoll gebundenem Bouquet, welches dem jungen gebietenden Herrn des
Hauses gebracht wurde und mit ihm im Wagen
fuhr. Sie saß als schönste Blume inmitten anderer
Blumen und schönem Grün, sie kam zu einem
glänzenden Feste, da saßen Männer und Frauen so
prächtig beleuchtet von Tausenden von Lampen,
die Musik erklang, es war im Lichtmeere des The-
aters; und als unter stürmischem Jubel die gefeierte
junge Tänzerin hervor auf die Bühne schwebte,
flog Bouquet auf Bouquet wie ein Blumenregen zu
ihren Füßen nieder. Da fiel das Bouquet, in welchem die schöne Rose, gleich einem Edelsteine, saß,
sie fühlte ganz ihr namenloses Glück, die Ehre, den
Glanz, in welchem sie hineinschwebte. Und indem
sie den Boden berührte, tanzte sie mit, sie sprang,
fuhr über die Bretter hin und brach im Fallen von
ihrem Stängel. Sie kam nicht in die Hände der Hul-
din, sie rollte hinter die Kulissen, ein Maschinist

nahm sie auf, sah, wie schön sie war, wie lieblich sie duftete, aber sie hatte keinen Stängel. Er steckte sie in seine Tasche, und als er abends nach Hause kam, erhielt sie einen Platz in einem Schnapsglase und lag in demselben die ganze Nacht im Wasser. Frühmorgens wurde sie vor Großmutter hingestellt, welche alt und kraftlos im Lehnstuhle saß, sie betrachtete die geknickte schöne Rose und freute sich über sie und ihren Duft.

„Ja, du kommst nicht auf den Tisch des reichen feinen Fräuleins, sondern zu der armen alten Frau; aber hier bist du wie ein ganzer Rosenstrauch, wie schön bist du!"

Und mit kindlicher Freude blickte sie auf die Blume und gedachte wohl auch ihrer eigenen längst entschwundenen frischen Jugendzeit. „Da war ein Loch in der Fensterscheibe", sagte der Wind, „ich konnte leicht hineinkommen und sah die jugendlich strahlenden Augen der alten Frau und die geknickte schöne Rose in dem Schnapsglase. Die Glücklichste von allen! Ich weiß das! Ich kann das erzählen!"

Jede Rose von dem Rosenstrauche des Gartens hatte ihre Geschichte. Jede Rose glaubte und dachte, die Glücklichste zu sein, und der Glaube macht selig. Aber die letzte Rose an dem Strauche war doch die Allerglücklichste, wie sie meinte.

„Ich überlebte sie alle! Ich bin die Letzte, die Einzige, Mutters liebstes Kind!"

„Und ich bin ihre Mutter", sage die Rosenhecke. „Das bin ich", sagte der Sonnenschein.

„Und ich", sagten Wind und Wetter.

„Jeder hat Teil an ihr!", sagte der Wind. „Und jeder soll einen Teil von ihr haben." Und damit streute der Wind ihre Blätter hin über die Hecke, auf welcher die Tautropfen lagen und auf welche die Sonne schien. „Auch ich bekam mein Teil", sagte der Wind, „ich bekam die Geschichte aller Rosen, die ich nun der ganzen Welt erzählen will. Sage mir nun, welche war die Glücklichste von allen? Ja, das musst du sagen, ich habe genug gesagt!"

Hans Christian Andersen

Vertraut

Wie liegt die Welt so frisch und tauig
Vor mir im Morgensonnenschein.
Entzückt vom hohen Hügel schau ich
Ins frühlingsgrüne Tal hinein.
Mit allen Kreaturen bin ich
In schönster Seelenharmonie.
Wir sind verwandt, ich fühl es innig,
Und eben darum lieb ich sie.
Und wird auch mal der Himmel grauer;
Wer voll Vertraun die Welt besieht,
Den freut es, wenn ein Regenschauer
Mit Sturm und Blitz vorüberzieht.

Wilhelm Busch

Das Auto

Im Sommer, als ich nach Monaten zum ersten Mal wieder in Shelter Island war, gab mein Auto auf dem Supermarkt-Parkplatz den Geist auf.

Shelter Island ist ein ruhiger Flecken, zwei Stunden Fahrzeit von Manhattan entfernt. Jedes Jahr verbringe ich einen Teil des Sommers dort. Der Puls der Insel spiegelt sich im Polizeibericht, der einmal wöchentlich im Shelter-Island-Reporter veröffentlicht wird.

Letzte Woche meldete der Polizeibericht drei verschiedene Unfälle, bei denen ein Wildtier von einem Automobil angefahren worden war. Und es wurde berichtet, dass jemand sich über Hundegebell beschwert hatte und dass ein Arbeiter der Telefongesellschaft von einem Truthahn angefallen worden war. „Der Besitzer des Aggressors konnte den Vogel einfangen. Schadenersatz wurde nicht geltend gemacht", schloss der Bericht.

Dass mein Auto den Geist aufgab, ärgerte mich maßlos. Ich hatte mich auf Ruhe und Einsamkeit gefreut. Immer wieder drehte ich den Zündschlüssel in der Hoffnung, den Wagen doch noch zu starten. Der Motor gab keinen Mucks von sich. Meine Bemühungen waren aussichtslos.

Ich mag mein Auto nur, wenn es funktioniert. Jedes wärmere Gefühl, das ich einmal für diesen Wagen empfunden haben mag, hat sich rapide abgekühlt, seit er begonnen hat auseinanderzufallen.

Es ist ein Lincoln Continental, Baujahr 1986. Er soll viele Dinge können. Er soll einem die Außentemperatur und die Fahrtrichtung mitteilen können.

Aber die Temperatur, die die Elektronik des Wagens meldet, passt nie zum Wetter. Und der Orientierungssinn dieses Autos ist mehr als fragwürdig.

Ich bin schon im Kreis gefahren, bis mir schwindlig wurde, um zu sehen, ob der Wagen angeben konnte, dass wir nach Süden oder Südwesten fuhren. Er konnte es nicht.

Als er auf dem Supermarkt-Parkplatz den Geist aufgab, war ich erbost. Das war der letzte Tropfen.

Ich starrte das Auto zornig an. Nichts geschah. Ein Auto einzuschüchtern ist ähnlich schwer, wie die eigenen erwachsenen Kinder einzuschüchtern. Ich stieg aus und trat gegen einen der Reifen. Es brachte mir keine Erleichterung.

Ich versuchte mich zu beruhigen. Mich daran zu erinnern, dass ich hergekommen war, um Ruhe zu finden. Um gewöhnliche Dinge zu tun. Zum Beispiel einen Automechaniker anzurufen und auf ihn zu warten.

„Wagen defekt?", fragte ein Mann, der an mir vorbeikam. Ich nickte finster. „Ich glaube, die Batterie ist leer", sagte ich. Er ging zu seinem Wagen, um ein Starthilfekabel zu holen. Als er fünf Minuten später wiederkam, hatten mittlerweile drei Leute angeboten, einen Automechaniker für mich zu holen. Aber das Starthilfekabel genügte. Der Wagen sprang an.

Ich fuhr rückwärts aus meiner Parklücke. Ich hatte gerade genug Zeit, ein Gefühl des Triumphs zu empfinden, bevor der Wagen stehen blieb. Ich befand mich noch immer auf dem Parkplatz. Ich stieg aus.

Die allgemeine Meinung auf dem Parkplatz war die, dass ich eine neue Batterie benötigte. Die Stimmung rings um mein streikendes Auto war munter und ausgelassen.

Ich merkte, dass es mir Spaß machte. Alle waren so fröhlich und so hilfsbereit. Auf diesem Supermarkt-Parkplatz herrschte eine bessere Stimmung als bei den meisten Essenseinladungen.

Eine Stunde nachdem mein Auto zum ersten Mal den Geist aufgegeben hatte, besaß ich einige neue Freunde.

Schließlich bekamen wir den Wagen wieder in Gang. Ich fuhr in die Werkstatt. Unterwegs blieb er drei weitere Male stehen.

Jedes Mal hielten Leute neben mir an und boten ihre Hilfe an. Alle waren hilfsbereit. Männer und Frauen beugten sich über den Motor.

Als die neue Batterie eingebaut war, war es später Nachmittag. Ich war nicht am Strand gewesen, wo ich zu sitzen pflege und wachsamen Auges nach Kriebelmücken und Stechmücken Ausschau halte, weil ich Insektenstiche nicht vertrage.

Ich hatte nicht im Teich geschwommen und dabei versucht, nicht an die bissige Schildkröte zu denken, die dort lebt. Ich hatte den schönsten Tag seit Jahren auf dem Land verbracht.

Lily Brett

Die Welt ist allezeit schön

Im Frühling prangt die schöne Welt
In einem fast smaragdnen Schein.
Im Sommer glänzt das reife Feld
Und scheint dem Golde gleich zu sein.
Im Herbste sieht man als Opalen
Der Bäume bunte Blätter strahlen.
Im Winter schmückt ein Schein, wie Diamant
Und reines Silber, Flut und Land.
Ja kurz, wenn wir die Welt aufmerksam sehn,
Ist sie zu allen Zeiten schön.

Barthold Heinrich Brockes

Den Himmel finden

Nicht der Himmel bringt das Glück;
der Mensch bereitet sich sein Glück
und spannt seinen Himmel selber
in der eigenen Brust.
Der Mensch soll nicht sorgen,
dass er in den Himmel,
sondern dass der Himmel in ihn komme.
Wer ihn nicht in sich selber trägt,
der sucht ihn vergebens im All.

Otto Ludwig

Der Geizige

Es klagte ein Geizhals seinem Nachbarn. „Ich Unglücklicher! Man hat mir den Schatz, den ich in meinem Garten vergraben hatte, diese Nacht entwendet, und einen verdammten Stein an dessen Stelle gelegt!"

„Du würdest", antwortete ihm der Nachbar, „deinen Schatz doch nicht genutzt haben. Bilde dir also ein, der Stein sei dein Schatz, und du bist nichts ärmer."

„Wäre ich auch schon nichts ärmer", erwiderte der Geizhals, „ist ein andrer nicht um so viel reicher? Ein andrer um so viel reicher! Ich möchte rasend werden."

Gotthold Ephraim Lessing

Tanzen

Die Kunst ist nicht zu wünschen, sondern zu wollen. Viele, die zumindest eine Vorstellung davon haben, was ein Menschenleben ist, wünschen sich, Zeitgenossen großer Ereignisse zu sein, in bedeutende Lebensumstände verwickelt zu sein. Wer würde leugnen, dass so etwas seinen Wert hat; auf der anderen Seite aber ist es doch Aberglaube anzunehmen, dass Ereignisse und Lebensverhältnisse als solche den Menschen zu etwas machen.

Wer ethisch lebt, weiß, dass es darauf ankommt, was man in jeder Situation des Lebens sieht, und mit welcher Energie man sie betrachtet, und dass der, der sich auf diese Weise in den unbedeutendsten Lebensverhältnissen selbst bildet, mehr erleben kann als jemand, der Zeuge, ja Teil der merkwürdigsten Begebenheiten gewesen ist. Er weiß, dass es überall einen Platz zum Tanzen gibt, dass selbst der geringste Mensch einen Platz hat, und dass sein Tanz, wenn er es selbst will, ebenso schön, ebenso graziös, ebenso mimisch und ebenso bewegt sein kann wie der Tanz derer, denen ihr Platz in der Geschichte zugewiesen wurde.

Sören Kierkegaard

Glück

Glück ist gar nicht mal so selten,
Glück wird überall beschert,
vieles kann als Glück uns gelten,
was das Leben uns so lehrt.
Glück ist jeder neue Morgen,
Glück ist bunte Blumenpracht,
Glück sind Tage ohne Sorgen,
Glück ist, wenn man fröhlich lacht.
Glück ist Regen, wenn es heiß ist,
Glück ist Sonne nach dem Guss,
Glück ist, wenn ein Kind ein Eis isst,
Glück ist auch ein lieber Gruß.
Glück ist Wärme, wenn es kalt ist,
Glück ist weißer Meeresstrand,
Glück ist Ruhe, die im Wald ist,
Glück ist eines Freundes Hand.
Glück ist eine stille Stunde,
Glück ist auch ein gutes Buch,
Glück ist Spaß in froher Runde,
Glück ist freundlicher Besuch.
Glück ist niemals ortsgebunden,
Glück kennt keine Jahreszeit,
Glück hat immer der gefunden,
der sich seines Lebens freut.

Clemens Brentano

Das Ideal

Ja, das möchste:
Eine Villa im Grünen mit großer Terrasse,
vorn die Ostsee, hinten die Friedrichstraße;
mit schöner Aussicht, ländlich-mondän,
vom Badezimmer ist die Zugspitze zu sehn –
aber abends zum Kino hast du's nicht weit.
Das Ganze schlicht, voller Bescheidenheit:
Neun Zimmer – nein, doch lieber zehn!
Ein Dachgarten, wo die Eichen drauf stehn,
Radio, Zentralheizung, Vakuum,
eine Dienerschaft, gut gezogen und stumm,
eine süße Frau voller Rasse und Verve –
(und eine fürs Wochenend, zur Reserve) –
eine Bibliothek und drumherum
Einsamkeit und Hummelgesumm.
Im Stall: Zwei Ponies, vier Vollbluthengste,
acht Autos, Motorrad – alles lenkste
natürlich selber – das wär ja gelacht!
Und zwischendurch gehst du auf Hochwildjagd.
Ja, und das hab ich ganz vergessen:
Prima Küche – erstes Essen –
alte Weine aus schönem Pokal –
und egal weg bleibst du dünn wie ein Aal.
Und Geld. Und an Schmuck eine richtige Portion.

Und noch ne Million und noch ne Million.
Und Reisen. Und fröhliche Lebensbuntheit.
Und famose Kinder. Und ewige Gesundheit.
Ja, das möchste!
Aber, wie das so ist hienieden:
Manchmal scheint's so, als sei es beschieden
nur pöapö, das irdische Glück.
Immer fehlt dir irgendein Stück.
Hast du Geld, dann hast du nicht Käten;
hast du die Frau, dann fehl'n dir Moneten –
hast du die Geisha, dann stört dich der Fächer:
Bald fehlt uns der Wein, bald fehlt uns der Be-
cher.
Etwas ist immer.
Tröste dich.
Jedes Glück hat einen kleinen Stich.
Wir möchten so viel: Haben. Sein. Und gelten.
Dass einer alles hat:
Das ist selten.

Kurt Tucholsky

Das Märchen vom Glück

Siebzig war er gut und gern, der alte Mann, der mir in der verräucherten Kneipe gegenübersaß. Sein Schopf sah aus, als habe es darauf geschneit, und die Augen blitzten wie eine blank gefegte Eisbahn. „Oh, sind die Menschen dumm", sagte er und schüttelte den Kopf, dass ich dachte, gleich müssten Schneeflocken aus seinem Haar aufwirbeln. „Das Glück ist ja schließlich keine Dauerwurst, von der man sich täglich seine Scheibe herunterschneiden kann!"

„Stimmt", meinte ich, „das Glück hat ganz und gar nichts Geräuchertes an sich. Obwohl ..." „Obwohl?" „Obwohl gerade Sie aussehen, als hinge bei Ihnen zu Hause der Schinken des Glücks im Rauchfang." „Ich bin eine Ausnahme", sagte er und trank einen Schluck. „Ich bin die Ausnahme. Ich bin nämlich der Mann, der einen Wunsch frei hat."

Er blickte mir prüfend ins Gesicht, und dann erzählte er seine Geschichte. „Das ist lange her", begann er und stützte den Kopf in beide Hände, „sehr lange. Vierzig Jahre. Ich war noch jung und litt am Leben wie an einer geschwollenen Backe. Da setzte sich, als ich eines Mittags verbittert auf einer grünen Parkbank hockte, ein alter Mann neben mich und sagte beiläufig: ‚Also gut. Wir haben es uns überlegt. Du hast drei Wünsche frei.' Ich starrte in meine Zeitung und tat, als hätte ich nichts gehört. ‚Wünsch dir, was du willst‘, fuhr er fort, ‚die schönste Frau oder das meiste Geld oder den größten Schnurrbart – das ist deine Sache. Aber werde endlich glücklich! Deine Unzufriedenheit geht uns auf die Nerven.‘ Er sah aus wie der Weihnachtsmann in Zivil. Weißer Vollbart, rote Apfelbäckchen, Augenbrauen wie aus Christbaumwatte. Gar nichts Verrücktes.

Vielleicht ein bisschen zu gutmütig. Nachdem ich ihn eingehend betrachtet hatte, starrte ich wieder in meine Zeitung. ‚Obwohl es uns nichts angeht, was du mit deinen drei Wünschen machst‘, sagte er, ‚wäre es natürlich kein Fehler, wenn du dir die Angelegenheit vorher genau überlegtest. Denn drei Wünsche sind nicht vier Wünsche oder fünf, sondern drei. Und wenn du hinterher noch immer neidisch und unglücklich wärst, könnten wir dir und uns nicht mehr helfen.‘ Ich weiß nicht, ob Sie sich in meine Lage versetzen können. Ich saß auf einer Bank und haderte mit Gott und der Welt. In der Ferne klingelten die Straßenbahnen. Die Wachtparade zog irgendwo mit Pauken und Trompeten zum Schloss. Und neben mir saß nun dieser alte Quatschkopf!“

„Sie wurden wütend?“

„Ich wurde wütend. Mir war zumute wie einem Kessel kurz vorm Zerplatzen. Und als er sein weiß wattiertes Großvatermündchen von Neuem aufmachen wollte, stieß ich zornzitternd hervor: ‚Damit Sie alter Esel mich nicht länger duzen, nehme ich mir die Freiheit, meinen ersten und innigsten Wunsch auszusprechen – scheren Sie sich zum Teufel!' Das war nicht fein und höflich, aber ich konnte nicht anders. Es hätte mich sonst zerrissen."

„Und?"

„Was ‚Und'?"

„War er weg?"

„Ach so! – Natürlich war er weg! Wie fortgeweht. In der gleichen Sekunde. In nichts aufgelöst. Ich guckte sogar unter die Bank. Aber dort war er auch nicht. Mir wurde ganz übel vor lauter Schreck. Die Sache mit den Wünschen schien zu stimmen! Und der erste Wunsch hatte sich bereits erfüllt! Du meine Güte! Und wenn er sich erfüllt hatte, dann war der gute, liebe, brave Großpapa, wer er nun auch sein mochte, nicht nur weg, nicht nur von meiner Bank verschwunden, nein, dann war er beim Teufel! Dann war er in der Hölle! ‚Sei nicht albern', sagte ich zu mir selber. ‚Die Hölle gibt es ja gar nicht, und den Teufel auch nicht.' Aber die drei Wünsche, gab's denn die? Und trotzdem war der alte Mann, kaum hatte ich's gewünscht, verschwunden … Mir wurde heiß und kalt. Mir schlotterten die Knie. Was sollte ich machen? Der alte Mann musste wieder her, ob's nun eine Hölle gab oder nicht. Das war ich ihm schuldig. Ich musste meinen zweiten Wunsch dransetzen, den zweiten von dreien, oh ich Ochse! Oder sollte ich ihn lassen, wo er war? Mit seinen hübschen roten Apfelbäckchen? ‚Bratapfelbäckchen‘, dachte ich schaudernd. Mir blieb keine Wahl. Ich schloss die Augen und flüsterte ängstlich: ‚Ich wünsche mir, dass der alte Mann wieder neben mir sitzt!‘ Wissen Sie, ich habe mir jahrelang, bis in den Traum hinein, die bittersten Vorwürfe gemacht, dass ich den zweiten Wunsch auf diese Weise verschleudert habe, doch ich sah damals keinen Ausweg. Es gab ja auch keinen ...

„Und?“

„Was ‚Und‘?“

„War er wieder da?“

„Ach so! – Natürlich war er wieder da! In der nämlichen Sekunde. Er saß wieder neben mir, als wäre er nie fortgewünscht gewesen. Das heißt, man sah's ihm schon an, dass er ..., dass er irgendwo gewesen war, wo es verteufelt, ich meine, wo es sehr heiß sein musste. Oh ja. Die buschigen weißen Augenbrauen waren ein bisschen verbrannt. Und der schöne Vollbart hatte auch etwas gelitten. Besonders an den Rändern. Außerdem roch's wie nach versengter Gans. Er blickte mich vorwurfsvoll an. Dann zog er ein Bartbürstchen aus der Brusttasche, putzte sich Bart und Brauen und sagte gekränkt: ‚Hören Sie, junger Mann – fein war das nicht von Ihnen!‘ Ich stotterte eine Entschuldigung. Wie leid es mir täte. Ich hätte doch nicht an die drei Wünsche geglaubt. Und außerdem hätte

ich immerhin versucht, den Schaden wiedergutzu-
machen. ‚Das ist richtig‘, meinte er. ‚Es wurde aber
auch die höchste Zeit.‘ Dann lächelte er. Er lächelte
so freundlich, dass mir fast die Tränen kamen.
‚Nun haben Sie nur noch einen Wunsch frei‘, sagte
er, ‚den dritten. Mit ihm gehen Sie hoffentlich ein
bisschen vorsichtiger um. Versprechen Sie mir das?‘
Ich nickte und schluckte. ‚Ja‘, antwortete ich dann,
‚aber nur, wenn Sie mich wieder duzen.‘ Da musste
er lachen. ‚Gut, mein Junge‘, sagte er und gab mir
die Hand. ‚Leb wohl. Sei nicht allzu unglücklich.
Und gib auf deinen letzten Wunsch acht.‘ – ‚Ich
verspreche es Ihnen‘, erwiderte ich feierlich. Doch
er war schon weg. Wie fortgeblasen.“

„Und?“

„Was ‚Und‘?“

„Seitdem sind Sie glücklich?“

„Ach so. – Glücklich?“ Mein Nachbar stand auf,
nahm Hut und Mantel vom Garderobenhaken, sah
mich mit seinen blitzblanken Augen an und sagte:
„Den letzten Wunsch hab ich vierzig Jahre lang
nicht angerührt. Manchmal war ich nahe dran.
Aber nein. Wünsche sind nur gut, solange man sie
noch vor sich hat. Leben Sie wohl.“

Ich sah vom Fenster aus, wie er über die Straße
ging. Die Schneeflocken umtanzten ihn. Und er
hatte ganz vergessen, mir zu sagen, ob wenigstens
er glücklich sei. Oder hatte er mir absichtlich nicht
geantwortet? Das ist natürlich auch möglich.

Erich Kästner

Kleine Glücke
Achtsam Freude im
Alltag finden

Wo sich Freude versteckt

barfuß über Tau gehen
Zuckerstückchen mit Kaffee
Sonnenuntergang
im See schwimmen
Hängematte im Schatten
wiedergefundenes Lieblingsbuch
Rad schlagen
Katzen kuscheln
Umarmungen
Grillen
Auf Bäume klettern
Schaukeln
Himbeeren ohne Sahne
Marmorkuchen von Mama
Schneemann bauen
Blaue Stunde
Muscheln sammeln
Buchhandlungen
handschriftliche Briefe
Milch mit Honig
frisch bezogenes Bett
Veilchenduft

Leoni Frisch

Ein Kräutergarten für die Seele

Mit allen Sinnen den Sinn des Lebens erahnen –
sommerliche Tage bewegen dazu. Ida Bellmann-
Zumsteg berichtet:

„Der Kräutergarten ist für mich ein Seelengarten. Es steckt so viel liebevolle Energie und
Kreativität darin. Ich wurde zur erdverbundenen
Philosophin, indem ich mich hautnah mit der
Gartenerde und all ihren verborgenen Schätzen
beschäftigen und berühren ließ. Es ist ein Verwur-
zeltsein im Jetzt und in der Vergangenheit, in
meiner Lebensgeschichte. Düfte lassen ja Erinne-
rungen hochkommen.

So war Pfefferminz- und Zitronenmelissetee das
Getränk meiner Kindheit. Meine Mutter kochte
jeden Tag eine große Kanne voll davon. Der Lavendel lässt mich an Großmutters Kleiderschrank denken, und er ist für mich einer der Feriendüfte aus
der Provence. Kräuter sind für mich Kinder des
Lichtes. Ihre Farben und Düfte wirken wohltuend
auf Herz und Seele. Mir ist es ein Anliegen, jeder
Pflanze einen Platz zu geben und ihren Namen
dazuzustecken.

Jede Saison hat ihre eigenen Farben, Düfte und
Geräusche. Im Frühling freue ich mich an den ersten Spitzchen des Schnittlauchs, den ersten Gänse-
blümchen ... im Sommer ziehen die vielen Düfte
Bienen und Schmetterlinge an: Rosmarin, Thymi-

an, Majoran, Oregano, Salbei, Estragon, Malven, Ysop, Baldrian, Johanniskraut, Kamille, Basilikum und vieles mehr. Dazwischen leuchten Ringelblumen und Korn- und Sonnenblumen.

Im Herbst ist Koriander reif, dessen Samen ich für Korianderbrot sammelte. Ich lasse alle Samenstände stehen für die Vögel und den filigranen Raureif, der viele Menschen erfreut.

Jedes Jahr im November verabschiede ich mich vom Kräutergarten, danke ihm für sein Dasein und für all die Freude, die er mir und vielen anderen schenkt, und ich wünsche ihm einen guten, tiefen Winterschlaf. Ich danke ihm auch für die Hoffnungszeichen wie die Knospen, die schon gebildet werden, wenn die Blätter fallen, und mit den Zugvögeln erinnere ich mich an das Versprechen eines Wiedersehens."

Die tiefsinnigen Worte von Ida wecken meine Lust, auch in meinen Seelengarten hineinzuschauen, hineinzuriechen und hineinzugehen, um der Fülle des Lebens zu begegnen.

Pierre Stutz

Seligpreisungen

Selig, die über sich selbst lachen;
sie werden genug Unterhaltung finden.
Selig, die einen Berg von einem Maulwurfshügel
unterscheiden;
sie werden sich Ärger ersparen.
Selig, die schweigen und zuhören;
sie werden viel Neues erfahren.
Selig, die kleine Dinge ernst und ernste Dinge gelassen nehmen;
sie werden weit kommen.
Selig, die Gott erkennen und lieben;
sie werden Güte und Freude ausstrahlen.

Die kleinen Schwestern des Charles de Foucauld, Paris

Die Rose

Rainer Maria Rilke ging in der Zeit seines Pariser Aufenthaltes regelmäßig über einen Platz, an dem eine Bettlerin saß, die um Geld bat.

Ohne je aufzublicken, ohne ein Zeichen des Bittens oder Dankens zu äußern, saß die Frau immer am gleichen Ort. Rilke gab nie etwas, seine französische Begleiterin warf ihr häufig ein Geldstück hin. Eines Tages fragte die Französin verwundert, warum er ihr nichts gebe.

Rilke antwortete: „Wir müssten ihrem Herzen schenken, nicht ihrer Hand."

Wenige Tage später brachte Rilke eine eben aufgeblühte weiße Rose mit, legte sie in die offene, abgezehrte Hand der Bettlerin und wollte weitergehen. Da geschah das Unerwartete: Die Bettlerin blickte auf, sah den Geber, erhob sich mühsam von der Erde, tastete nach der Hand des fremden Mannes, küsste sie und ging mit der Rose davon.

Eine Woche lang war die Alte verschwunden; der Platz, an dem sie vorher gebettelt hatte, blieb leer. Nach acht Tagen saß sie plötzlich wieder an der gewohnten Stelle. Sie war stumm wie damals, wiederum nur ihre Bedürftigkeit zeigend durch die ausgestreckte Hand. „Aber wovon hat sie denn in all den Tagen gelebt?", fragte die Französin.

Rilke antwortete: „Von der Rose ..."

Unbekannter Verfasser

Was trägt

Miteinander reden und lachen
sich gegenseitig Gefälligkeiten erweisen
zusammen schöne Bücher lesen
sich necken
dabei aber auch einander sich Achtung erweisen
mitunter sich auch streiten ohne Hass
so wie man es wohl einmal mit sich selbst tut
manchmal auch in den Meinungen
auseinandergehen
und damit die Eintracht würzen
einander belehren und voneinander lernen
die Abwesenden schmerzlich vermissen
die Ankommenden freudig begrüßen
lauter Zeichen der Liebe und Gegenliebe
die aus dem Herzen kommen
sich äußern in Miene und Wort
und tausend freundlichen Gesten
und wie Zündstoff den Geist in Gemeinsamkeit
entflammen
sodass aus den Vielen
eine Einheit wird.

Aurelius Augustinus

Mit freundlichen Grüßen

Meine Briefe enden mit freundlichen Grüßen, einer Floskel zwar, aber trotzdem, mir scheint, ich setze die Floskel mit Bedacht, auch wenn ich nicht genau weiß, was ich eigentlich mit ihr meine. Heißt das vielleicht, dass ich freundlich sein möchte, oder meint es gar ein Angebot von Freundschaft? Ich habe auch schon gezögert, die Floskel zu setzen, wenn ich weiß, dass der Empfänger den Satz gar nicht lesen wird, dass er für ihn so selbstverständlich unverständlich ist wie für mich – trotzdem, ich mag es, dass unsere Briefe freundlich enden.

Ich habe meinen Freund im Spital besucht, es ging ihm sehr schlecht, es war schlimm für mich – jetzt geht es ihm besser, mir auch. „Mein Freund", ein eigenartiges Wort, viel zu groß für unsere kleinen Feste, die wir feiern, wenn wir uns treffen. Nein, ich glaube, wir nennen uns gegenseitig nicht so. Das Wort taugt nichts in der Einzahl, in der Mehrzahl geht es: „Meine Freunde" ist viel unverbindlicher als „mein Freund", und „befreundet sein" heißt bereits nicht viel mehr, als sich einigermaßen zu kennen und ab und zu, meist selten, zu sehen.

Freunde haben wir zwar, und befreundet sind wir auch. Aber ein „mein Freund", das hat fast etwas Kindisches.

Ja, als Kinder, damals in der Schule, da hatten
wir noch einen Freund. Jeder nur einen. Und irgendwie gab es damals noch keine Mehrzahl, man
hatte damals keine Freunde, man hatte einen
Freund, einen einzigen. Und dass man ihn hatte,
war nichts anderes als ein Beschluss, nichts anderes
als eine Behauptung. Vielleicht unternahm man mit
ihm gar nicht besonders viel, vielleicht hatte man
zu ihm gar nicht eine besondere Beziehung – aber
er war der Freund, ein für alle Mal.

Und nur noch eine Behauptung, gar nichts anderes als eine Behauptung, war damals, als ich ein
kleiner Schüler war, die Freundschaft zu einem
Mädchen: Rösli K., das war eine tiefernste Liebe.
Und sie beschränkte sich darauf, dass ich ihr ein
kleines Zettelchen nicht etwa selbst überreichte,
sondern auf komplizierten Wegen zuspielen ließ.
Auf dem Zettelchen standen die Wörter: „Willst
Du mich für den Schatz haben?" Auch das eine
Floskel, die nur so und nicht anders heißen konnte
und vielleicht nicht einmal unterschrieben war,
vielleicht nicht einmal beantwortet.

Aber ab nun war Rösli die Liebe. Die Behauptung hatte stattgefunden. Gesprochen hatte ich mit
ihr wohl nie. Höchstens rote Ohren bekommen,
wenn ich sie sah, und war unter einem Vorwand
weggerannt. Aber die reine (und vorpubertäre) Behauptung hat sich in meine Seele eingebrannt. Sie

ist noch da. Ich habe Rösli nach unserer Schulzeit
nie mehr gesehen. Aber sie ist noch da – nicht das
Rösli, aber die Behauptung Rösli, der Beschluss
Rösli. So ernsthaft können wohl nur Kinder sein.

Oder die beiden jungen Frauen im Coffee-Shop
in New York, Studentinnen wohl. Ich frühstückte
da ab und zu. Sie kannten meine Bestellung zum
Voraus und brachten mir die Rühreier und die
wunderbar schlechten Bratkartoffeln – ich versuche seit Jahren zu Hause so schlechte Bratkartoffeln zu machen, sozusagen als gute Erinnerung, es
gelingt mir nicht. Die beiden Frauen waren sehr
freundlich, zwei strahlende Wesen, aber mehr als
„Guten Tag", „Danke schön" und „Bitte schön"
sprachen wir nicht miteinander. Eines Morgens
nun standen die beiden da mit verweinten Augen,
brachten schluchzend die Eier und den Kaffee, und
ich wusste in meiner Hilflosigkeit nichts anderes
zu sagen als: „Can I help you?" – „Kann ich Ihnen
helfen?" „Nein", bekam ich zur Antwort, „Elvis ist
tot."

Das machte mich sprachlos. Zwei intelligente
Wesen weinten hier um einen dicklichen Schnul-
zensänger. Sehr wahrscheinlich hatten auch sie mal
als kleine Kinder beschlossen und behauptet, ihn
zu lieben. Ich ging in den nächsten Plattenladen,
kaufte mir zwei Presley-Platten, ging nach Hause
und hörte ihn den ganzen Tag – eigentlich bewun-
dernd, und nach und nach ging mir sein Tod nahe:

Hier war einer gestorben, der von zwei Frauen geliebt wurde.

Ich habe meinen Freund im Spital besucht, ich habe um ihn gezittert. Er hat überlebt – erst jetzt weiß ich, was ich verloren hätte, ich wische eine Träne vom Auge. Wie lange kennen wir uns schon? 43 Jahre! Aber seit wann eigentlich sind wir Freunde? Irgendeinmal muss uns wohl – unausgesprochen – diese kindliche Behauptung noch einmal gelungen sein: „Willst du mein Freund sein?"

Peter Bichsel

Sonne

Wunschlos glücklich sein,
nichts anderes ersehnen als dies:

still dazusitzen unter blauem Himmel,
das Gesicht der Sonne zugewandt,
mit geschlossenen Augen,
Vogelgezwitscher ringsum in den Bäumen,
alle Poren weit geöffnet,
sich bis ins Innerste
von der Wärme durchdringen zu lassen,
passiv und doch so lebendig,
hingegeben dem Augenblick,
ganz und gar einverstanden mit dem Leben,

wunschlos glücklich sein,
nichts anderes mehr ersehnen als dies …

Ute Latendorf

Ein schöner Tag

Als der Meister mit einer Gruppe von Lehrern zu-
sammentraf, unterhielt er sich lange und angeregt
mit ihnen, denn er war selbst einmal Lehrer gewesen. „Das Schlimme bei den Lehrern ist", sagte er,
„dass sie immer wieder vergessen, was das Ziel der
Erziehung ist, nämlich nicht das Lernen, sondern
das Leben."

Und er erzählte, wie er einmal einen Jungen, der
eigentlich in der Schule sein sollte, beim Fischen
erwischte.

„Hallo, ein schöner Tag zum Fischen!", sagte er
zu dem Kerl.

„Ja", kam es kurz und bündig zurück.

Nach einer Weile fragte der Meister: „Warum
bist du heute nicht in der Schule?"

„Nun, wie Sie ja eben selbst gesagt haben – es ist
ein schöner Tag zum Fischen."

Dann erzählte der Meister vom Schulzeugnis
seiner kleinen Tochter, in dem als Bemerkung
stand: „Meena ist eine gute Schülerin. Sie könnte
noch bessere Noten erreichen, wenn ihre pure Lebensfreude nicht Ihren Lernerfolg behindern würde."

Anthony de Mello

Ohne Anstrengung

Es braucht nicht jeder um drei Uhr früh aufzustehen und fünfzehn Stunden Steine zu klopfen; man kann sich auch anderweitig im Leben nützlich machen,

mancher bloß dadurch, dass er da ist, durch Freundschaft, Treue, Liebenswürdigkeit – alles ohne Anstrengung, ja am schönsten dann, wenn man das ohne Anstrengung leistet.

Theodor Fontane

Wenn du sprichst

Wenn du sprichst, wacht mein buntes Herz auf.
Alle Vögel üben sich auf deinen Lippen.
Immer blau streut deine Stimme über den Weg;
wo du erzählst, wird Himmel.
Deine Worte sind aus Lied geformt.
Ich traure, wenn du schweigst.
Singen hängt überall an dir –
wie du wohl träumen magst?

Else Lasker-Schüler

Aus dem Leben ein Fest machen

Es war ein besonderer Abend damals. Eigentlich eine besondere Nacht, eine Art Sommernachtstraum. Ich war bei Freunden zu einem Hauskonzert eingeladen. Der Raum, in dem der Flügel stand, war voll behaglichem Luxus und verbreitete eine zauberhafte Atmosphäre. Goldenes Kerzenlicht allüberall, dazu die weit geöffneten Türen zum Garten hin, der Duft blühender Rosen und am samtschwarzen Himmel ein orangefarbener Mond, der von Zeit zu Zeit wie ein rundes Kindergesicht neugierig hinter den Wolken hervorschaute. Eine betörend schöne Sommernacht also, in der ich zum ersten Mal die „Goldberg-Variationen" hörte, jene dreißig Tongirlanden von Johann Sebastian Bach, die genauso abwechslungsreich wie anmutig sind.

Während ich der „Aria" lausche, jenem ergreifenden Eingangsstück, zu dem am Ende alles zurückkehren wird, spaziert mein Blick entlang der Gemälde und Gobelins, der Heiligenfiguren, Engel und Putten hin zu einer Vitrine mit alten Büchern und von dort zu einem gekreuzigten Jesus, der hoch über einer Flügeltür hängt. Barock, wie ich später erfahre, sehr wertvoll. Das Tuch um seine Hüften ist glänzend und golden und wie aufgeschwungen, als würde ein Luftzug es spielerisch in die Höhe ziehen. Erst bei genauerem Hinsehen fällt mir auf, dass der schmale Körper dort oben ohne Kreuz an der Wand hängt. Für einen Moment bin ich irritiert. Ein Gekreuzigter ohne Kreuz, das ist irgendwie unvollständig, fehlerhaft. Mein Geist meldet sich zu Wort. Das kennt er nicht, das will er nicht. Aber die Bach'schen Klänge versöhnen ihn und lassen ihn schweigen. (…)

Applaus ertönt. Der Kreis der Goldberg-Variationen hat sich geschlossen. Die Musik ist verstummt. In mir aber klingt es weiter und immer weiter wie eine Melodie, ein leiser Duft, ein Lied von all den Möglichkeiten, die das Leben immer wieder neu schenkt. Und mein Herzt tanzt in den Himmel. Der rundgesichtige Mond, der hinter den Wolken hervorschaut, und der Duft des Sommers, der zur Tür hereinweht, der samtschwarze Himmel und eigentlich alles in dieser Nacht scheint nur eine einzige Botschaft zu flüstern: Aus dem Leben ein Fest machen.

„Aus dem Leben ein Fest machen." Das klingt einfacher als es ist. Freunde von mir feiern in jedem Jahr ein sogenanntes Kirschblütenfest in ihrem Garten. Seit mehr als zwanzig Jahren machen sie das und nehmen dabei keinerlei Rücksicht auf das Wetter. Gefeiert wird unter jedem Himmel, denn, so lautet ihr ganz persönliches Credo, bei schönem Wetter feiern kann jeder. Ein Satz, der mir gefällt, weil er sich so ausgezeichnet auf das Leben übertragen lässt. Feiern ist eine Kunst, vor allem dann, wenn die Begleitumstände nicht so sind, wie wir sie gern hätten. In schlechten Tagen schöne Dinge tun, habe ich einmal gelesen. Eine gute Idee. Das könnte durchaus helfen, das Leben gerade in „Schlechtwetterperioden" zu feiern.

In schlechten Tagen schöne Dinge tun, vielleicht auch mal ganz andere Dinge als gewöhnlich tun. Dinge, die wir bisher nicht ausprobiert haben, aus welchen Gründen auch immer. Neugierig sein. Offen. Tradiertes loslassen und Neues versuchen.

Eine Bekannte von mir, eine nüchtern denkende Geschäftsfrau, hatte mir gleich nach dem Erscheinen meines Buches „Das Leben ist ein Abenteuer oder gar nichts" achselzuckend mitgeteilt, dass sie mit den Baumgeschichten darin nichts anfangen könne. „Zu esoterisch", hat sie gesagt, „nichts für mich." Monate später – auf dem Kalender stand das Erntedankfest – fragte sie mich: „Willst du wissen, für wen ich heute Morgen in der Kirche eine Kerze angezündet habe?" Ich nickte. „Gestern habe ich wie jedes Jahr die Nüsse im Garten meiner Mutter aufgesammelt. Dabei ist mir aufgefallen, wie mächtig und prächtig dieser Walnussbaum im Lauf der Jahre geworden ist. Plötzlich – und ich kann dir wirklich nicht sagen, warum – habe ich mich wie in Kindertagen unter ihn gesetzt. Einfach so. Ich habe mich völlig meinem Gefühl überlassen. Dann habe ich mich sogar hingelegt, die Arme hinter dem Kopf verschränkt, und den Baum betrachtet.

Nein – eigentlich habe ich ihn beobachtet, jede seiner Bewegungen, seine Licht- und Schattenspiele,
habe dem Rascheln seiner trockenen Blätter ge-
lauscht und hatte das Gefühl, dieser sanfte Riese
würde zurückblicken. Es war wie ein Energieaus-
tausch zwischen uns. Ich konnte viel freier atmen
und habe mich so leicht gefühlt, so beschwingt. Als
ich aufstand, war auf einmal dieser erstaunliche
Gedanke in meinem Kopf, für den Baum eine Kerze anzuzünden. Und genau das habe ich gerade
getan."

Über diese Baumgeschichte habe ich mich tage-
lang gefreut, weil sie ein wunderbares Beispiel dafür ist, dass unser Leben in jedem Augenblick ein
Fest sein kann, dann nämlich, wenn wir Antrai-
niertes loslassen und einfach einmal Neues, Spon-
tanes wagen und uns diesem Neuen auch wirklich
öffnen, es mit allen Sinnen empfinden und genie-
ßen. Solches Empfinden bedeutet Glück. Glück
muss also kein spektakuläres Ereignis sein, vielmehr kann es ein kleiner, stiller Moment sein, in
dem wir uns selbst verwöhnen.

„Das Glück kann nicht wie ein mathematischer
Lehrsatz bewiesen werden, es muss empfunden
werden, wenn es da sein soll. Daher ist es wohl gut,
es zuweilen durch den Genuss sinnlicher Freuden
von Neuem zu beleben; und man müsste wenigstens täglich ein gutes Gedicht lesen, ein schönes
Gemälde sehen, ein sanftes Lied hören – oder ein

herzliches Wort mit einem Freunde reden, um auch den schöneren, ich möchte sagen, den menschlicheren Teil unseres Wesens zu bilden." Diese fröhliche Ermunterung stammt von einem, der zutiefst gelitten hat: dem Dichter Heinrich von Kleist. Mich rühren diese Worte jedes Mal, wenn ich sie lese, zutiefst an. Dass gerade einer, der freiwillig aus dem Leben gegangen ist, weil ihm „auf Erden nicht zu helfen war", uns mit zärtlicher Intensität auffordert, das Leben in solch stillen Momenten zu feiern!

Petra Urban

Kleine Glücke

Immer die kleinen Freuden aufpicken,
bis das große Glück kommt.
Und wenn es nicht kommt,
was wahrscheinlich ist,
dann hat man wenigstens
die kleinen Glücke gehabt.

Theodor Fontane

Täglich

Josy ist ungefähr 80 – eine Seniorin, wie man sie
heute oft antrifft, fit und aktiv, und dennoch: Sie
geht am Stock. Zur Sicherheit, wie sie sagt. Das
hindert sie nicht daran, täglich im Hallenbad ihre
Runden zu schwimmen, nahe am Beckenrand. Dabei begrüßt sie freundlich alle, die gleichzeitig am
Schwimmen sind und den Kopf aus dem Wasser
strecken. Sie selbst taucht ihn kaum mehr unter,
ihre Bewegungen sind langsamer geworden, aber
es ist ihr nicht mehr wichtig, schnell zu sein. „Jeden
Tag hierherkommen zu können – das genügt", sagt
sie, „mehr braucht es nicht." Oh ja, sie habe Recht,
hört sie zur Antwort, obwohl jene, die es sagen,
doch noch einiges mehr vom Leben erwarten. Josy
kümmert das wenig. Sie ist dankbar für die Kraft,
die ausreicht, sich täglich anzuziehen und aus dem
Haus zu gehen, ins Bad zu kommen und zu
schwimmen. Am nächsten Morgen ist sie wieder
da. „Wie schön es heute ist!", ruft sie einer jungen
Frau zu, die eben ins Schwimmbecken steigt. Sie
sagt es, als hätte sie es nicht gestern schon genossen,
als wäre sie noch nie in diesem Hallenbad gewesen.
Am folgenden Tag begrüßt sie jenen Mann, der regelmäßig am Vormittag zum Schwimmen kommt.
„Wir haben es gut", sagt sie und streicht mit der
Hand über den Wasserspiegel, „wir haben immer

Ferien, gell, Karl?" Er zwinkert ihr freundlich zu, breitet die Arme aus und lässt sich vom Wasser tragen. Josy schwimmt auf dem Rücken, er auf dem Bauch.

„Auf Wiedersehen bis zum nächsten Mal", tönt ihre Stimme aus der Garderobe, während sie sich ankleidet. Das nächste Mal ist der nächste Tag. Unter der Eingangstür grüßt Josy alle, die sie kennt. Und sie kennt fast alle. Jeder und jedem sagt sie, wunderbar sei es heute im Wasser gewesen. Sie sagt es, als wäre sie nur gerade heute hier, als wäre morgen kein Tag mehr und gestern keiner gewesen.

Vreni Merz

Herrlicher Tag

Oh bitte, beachten Sie doch diesen herrlichen Tag! Vergessen Sie nicht, wenn Sie noch so beschäftigt sind, wenn Sie auch nur in dringendem Tagwerk über den Hof eilen, vergessen Sie nicht, schnell den Kopf zu heben und einen Blick auf diese riesigen silbernen Wolken zu werfen und auf den stillen blauen Ozean, in dem sie schwimmen.

Rosa Luxemburg

Ich liebe

Ich liebe die Bäume und die Felsen,
die Hummeln und die Forellen,
ich liebe die Wüste und die Gärten und den Sumpf,
die Schlangen, die Möwen und die Singvögel,
die Bäche und das Meer und das Hochgebirge
und die sanfteren Formen von Bergen und Hügeln,
Tälern und Auen.
Ich liebe die Farben und Lichter,
ich liebe alles, was leuchtet.

Ich liebe die Vitalität der Erde
und die Klarheit des Weltraums,
den Tag und den Dämmer und
die Dunkelheit der Nacht.
Ich liebe das Moor und die Fäulnis und alles Leben,
das sich aus dem Sterben und Verwesen ergibt.
Ich sage mein mühsames Ja auch zu der Weise,
wie ein Leben verlöscht.

Ich bin ganz und gar ein Wesen dieser Erde,
und ehe ich klage über Leid und Schmerzen,
über Bedrohung und Gewalt, über das Grauen,
das erlitten wird, danke ich.
Immer neu danke ich dafür, dass ich in ihr lebe,
in dieser vitalen, herrlichen Welt.

Ich weiß mich zu Hause in den Elementen
dieser Erde,
in Wasser, Erde, Luft und Feuer;
ich bestehe aus ihnen, ich bin glücklich über sie,
diese Urgleichnisse des Lebens,
Signaturen ihres Gestaltens.

Ich liebe auch alle, die menschliche Züge tragen,
mit allen ihren Mühen und Irrwegen,
ihrer Verzagtheit und ihrem Lebensmut.
Und ich öffne mein Herz auch für alles,
was ich nicht verstehe,
was zu bejahen Mühe bereitet, für die Rätsel,
für die Widersprüche, die in allem sind.

Ich liebe alles,
was sich spiegelt in den Bildern der Erde.
Ich versuche ihre Lichter zu mir zu nehmen,
wie man eine Handvoll Erde aufnimmt
oder ein Werkzeug fasst, einen Stein greift
oder ein Stück Eis in der Hand schmelzen lässt,
ein Brot bricht oder einen Menschen liebt.

Jörg Zink

Täglich zu singen

Ich danke Gott, und freue mich
Wie's Kind zur Weihnachtsgabe,
Dass ich bin, bin! Und dass ich dich,
Schön menschlich Antlitz! habe;
Dass ich die Sonne, Berg und Meer,
Und Laub und Gras kann sehen,
Und abends unterm Sternenheer
Und lieben Monde gehen,
Und dass mir denn zumute ist,
Als wenn wir Kinder kamen,
Und sahen, was der Heil'ge Christ
Bescheret hatte, Amen!
Ich danke Gott mit Saitenspiel,
Dass ich kein König worden;
Ich wär geschmeichelt worden viel,
Und wär vielleicht verdorben.
Auch bet ich ihn von Herzen an,
Dass ich auf dieser Erde
Nicht bin ein großer, reicher Mann,
Und auch wohl keiner werde.
Denn Ehr und Reichtum treibt und bläht,
Hat mancherlei Gefahren,
Und vielen hat's das Herz verdreht,
Die weiland wacker waren.
Und all das Geld und all das Gut
Gewährt zwar viele Sachen;
Gesundheit, Schlaf und guten Mut

Kann's aber doch nicht machen.
Und die sind doch, bei Ja und Nein!
Ein rechter Lohn und Segen!
Drum will ich mich nicht groß kastei'n
Des vielen Geldes wegen.
Gott gebe mir nur jeden Tag,
So viel ich darf zum Leben.
Er gibt's dem Sperling auf dem Dach;
Wie sollt er's mir nicht geben!

Matthias Claudius

Ganz einfach

Die besten Dinge im Leben sind die nahesten: der
Atem zwischen deinen Nasenflügeln, das Licht in
deinen Augen, die Blumen zu deinen Füßen, die
Pflichten in deinen Händen, der richtige Weg direkt vor dir. Hasche folglich nicht nach den Sternen; vollbringe vielmehr die schlichte, einfache
Aufgabe des Lebens, wie sie sich dir stellt. Handle
mit der Gewissheit, dass die täglichen Pflichten
und das tägliche Brot das Köstlichste sind, was das
Leben zu bieten hat.

Robert Louis Stevenson

Mittwochs im Mai

Heute Mittag hat plötzlich
der Sonntag im Garten gesessen
und ich habe Bimbalabim
jede Tagesordnung vergessen.
Der Sonntag und ich – wir haben
in den Himmel geschaut
und alle Däumchen gedreht,
es war warm und
ein blauer Wind hat geweht.
Wir haben eine kleine Ewigkeit
einfach nix gemacht
und wunderbarerweise auch
an nichts Schlimmes gedacht.
Später pfiff mich der Mittwoch
zur Tagesordnung zurück,
der Sonntag sagte: Ade, Kopf hoch
und viel Glück!
Nun sitze ich mit dem Mittwoch
am Schreibtisch hier drinnen
und werde höchstwahrscheinlich
Bimbalabim – vielleicht
mit der Arbeit beginnen.

Anne Steinwart

Das Schwere
leicht nehmen
Freude auch an
dunklen Tagen finden

Flügel wachsen lassen

„Warum haben Engel Flügel? Weil sie sich leicht nehmen", formulierte einmal der Kirchenvater Augustin. Was für ein faszinierender Gedanke, wenn wir uns vorstellen, dass in jedem von uns, neben allen dunklen und anstrengenden Seiten, auch ein Engel steckt. Dass uns also auch eine innere Kraft verfügbar ist, uns nicht von Missgeschicken oder gescheiterten Vorhaben lange niederdrücken zu lassen. Als besonders glücklich ist wohl der Mensch zu schätzen, dem eine Portion Humor in die Wiege gelegt worden ist. Ihm wird es umso leichterfallen, enttäuschenden Erfahrungen mit Selbstironie und Witz zu begegnen und ihnen damit die drückende Schwere zu nehmen. Aber ein wenig kann es ein jeder tagtäglich üben, die inneren Flügel Stück für Stück wachsen zu lassen.

Christa Spilling-Nöker

Schwebende Zukunft

Habt ihr einen Kummer in der Brust
Anfang August
Seht euch einmal bewusst
An, was wir als Kinder übersahn.

Da schickt der Löwenzahn
Seinen Samen fort in die Luft.
Der ist so leicht wie Duft
Und sinnreich rund umgeben
Von Faserstrahlen, zart wie Spinnenweben.

Und er reist hoch über euer Dach,
Von Winden, schon vom Hauch gepustet.
Wenn einer von euch hustet,
Wirkt das auf ihn wie Krach,
Und er entweicht.

Luftglücklich leicht.
Wird sich sanft wo in Erde betten.
Und im Nächstjahr stehn
Dort die fetten, goldigen Rosetten,
Kuhblumen, die wir als Kind übersehn.

Zartheit und Freimut lenken
Wieder später deren Samen Fahrt.
Flöge doch unser aller Zukunftsdenken
So frei aus und so zart.

Joachim Ringelnatz

Die beste Medizin

Lachen ist gesund. Du hast Lachen nötig. Humor ist gesund. Ob du an diese Seite deiner Gesundheit wohl genug denkst? Mit deinen Sorgen machst du dir Falten in dein Herz, und schnell hast du dann auch Falten im Gesicht. Lachen befreit. Humor entspannt. Lachen kann dich erlösen vom falschen Ernst.

Lachen ist die beste Kosmetik fürs Äußere und die beste Medizin fürs Innere. Regelmäßig die Lachmuskeln betätigen – das ist gut für die Verdauung, der Appetit kommt in Gang, der Blutdruck bleibt stabil.

Humor gibt dir ein Gespür für die Dinge, wie viel Gewicht ihnen zukommt. Lachen und Humor wirken sich aus nicht nur auf deinen Stoffwechsel, sondern auch auf deine Umgebung. Lachen und Humor entlasten. Sie verringern Spannungen und Tränen. Sie befreien vom erdrückenden Ernst der bleiernen Probleme, von der erstickenden Luft des Alltags.

Lachen und Humor – das beste Mittel gegen Vergiftung von Geist und Herz. Lachen und Humor machen den Weg frei zu ungeahnter Lebensfreude.

Was ist ein verlorener Tag?

Ein Tag, an dem du nicht gelacht hast!

Phil Bosmans

Schale sein

In der Stille des Morgens
mit jedem Atemzug

den Tag annehmen,
dankbar,
wie ein Geschenk

Schale sein,

den Tag bejahen,
mitgestalten,
Neues wagen,
auch Verrücktes,

freudig,

und versuchen,
die Verbindung zu behalten

mit der Stille des Morgens.

Bruno Dörig

Vergessen können

Zum Wohlfühlen gehört unbedingt die Begabung, vergessen zu können. Wie kann ich erwarten, dass sich das Wohlgefühl einstellt, wenn ich alles, was mich ärgert und verletzt, hingebungsvoll sammle und dann allabendlich im Museum meiner Kränkungen kummervoll vor den Vitrinen stehe?

Aber wenn es mir gelingt, das, was geschehen ist und sich nicht mehr ändern lässt, gelassen dem Strom der Zeit anzuvertrauen, kann ich meine Sorgen und Traurigkeiten auf seinen Wellen davontanzen sehen wie Papierschiffchen. Wenn sie nicht bald schon sinken, wird die Zeit sie irgendwo hinter dem Horizont weiter bis ins Meer tragen. Doch dann werde ich längst nicht mehr wissen, dass es sie gab …

Hannah Valentin

Die Kunst des Clowns

Man muss viel lachen, selbst dann, wenn man traurig ist. Gott hat uns das Leben gegeben, damit wir glücklich sind und lachen können. Viele Menschen können nicht mehr lachen, ihr ganzes Leben lang sind sie traurig. Manchmal sage ich dann: Wenn du ganz niedergeschlagen bist und nicht mehr leben magst, probiere einmal, einen Clown nachzuahmen, der in seinem Herzen weint, und trotzdem spielt er, mit einem Lachen auf den Lippen, einem Kind auf der Geige etwas vor, und so wird er von den Tränen seines Herzens befreit.

Lachen heißt Abstand zu sich selbst zu gewinnen, sich nicht zu ernst zu nehmen. Man lernt auch sich selbst besser kennen. Zu viele Menschen haben eine zu hohe Meinung über sich und schauen deshalb auf die anderen von oben herab. Wenn man selber klein ist, dann sind die anderen größer und wichtiger.

Jeder sollte ein bisschen ein Clown sein. Weil ein Clown immer für andere lebt, nie für sich selbst. Er steht nie im Mittelpunkt, er spielt nur während der Pause, denkt nicht an sich und hat nur ein Ziel: andere Menschen zum Lachen zu bringen.

Sogar wenn er selber traurig ist, auch dann konzentriert er sich darauf, dass die anderen von Herzen lachen. Humor macht viele Dinge relativ, in deinem Herzen ist wieder mehr Platz für die Menschen um dich herum.

Ich würde gern beten: Herr, gib mir Sinn für Humor. Lass mich über die komischen Sachen des Alltags lachen, lass mich über den Stumpfsinn mancher Dickhäuter lachen, die in unserer Welt herumtrampeln, die Frieden und Freude zertreten.

Der Clown verteidigt immer die Kleinen und Hilflosen. Er lacht über die Großen. Er lacht vor allem über das, was grotesk ist, was aber die meisten Menschen gar nicht merken. Er macht es ihnen bewusst. Er zeigt ihnen, wie komisch oftmals ein Vorgang ist, den alle kennen, ein alltägliches Verhalten.

Aber der Clown verletzt die Menschen nicht. Er unterhält sie, vielleicht erzieht er sie auch manchmal, indirekt. Der Clown ist kein Siegertyp, meistens verliert er im Zirkus, aber selbst wenn er verliert, bringt er noch die Leute zum Lachen. Ein Clown kann lachen, auch wenn er traurig ist.

Phil Bosmans

Geduld

Herr, du weißt, dass ich von Tag zu Tag älter
werde und eines Tages alt sein werde.
Bewahre mich vor dem Drang, bei jeder
Gelegenheit etwas sagen zu müssen.
Erlöse mich von der großen Leidenschaft,
die Angelegenheiten anderer ordnen zu wollen.
Lehre mich, nachdenklich, aber nicht grüblerisch,
hilfreich, aber nicht diktatorisch zu sein.
Erlöse mich von der Leidenschaft,
die Angelegenheiten anderer ordnen zu wollen.

Bei meiner ungeheuren Ansammlung
von Weisheit erscheint es mir ja schade, sie nicht
ständig weiterzugeben – aber du verstehst, Herr,
dass ich mir ein paar Freunde erhalten möchte.
Bewahre mich vor der Aufzählung endloser
Einzelheiten und verleihe mir Schwingen,
zur Pointe zu gelangen.
Lehre mich schweigen über meine Krankheiten
und Beschwerden. Sie nehmen zu, und die Lust,
sie zu beschreiben, wächst von Jahr zu Jahr.
Ich wage nicht, die Gabe zu erflehen,
mir Leidensberichte anderer mit Freude anzuhö-
ren, aber lehre mich, sie geduldig zu ertragen.
Lehre mich die wunderbare Weisheit,
dass ich mich irren kann.
Erhalte mich so liebenswert wie möglich.
Ich möchte keine Heilige sein – mit ihnen lebt
es sich so schwer –, aber ein alter Griesgram
ist das Krönungswerk des Teufels.
Lehre mich, an anderen Menschen unerwartete
Talente zu entdecken, und verleihe mir, oh Herr,
die schöne Gabe, es ihnen auch zu sagen.

Teresa von Ávila zugeschrieben

Blues

Wenn du nicht froh kannst denken,
obwohl nichts Hartes dich bedrückt,
sollst du ein Blümchen verschenken,
aufs Geratewohl von dir gepflückt.
Irgendein staubiger, gelber –
sei's Hahnenfuß – vom Wegesrand.
Und schenke das Blümchen dir selber
aus linker Hand an die rechte Hand.
Und mache dir eine Verbeugung
im Spiegel und sage: „Du, ich bin der
Überzeugung, dir setzt man einzig
schrecklich zu. Wie wär's, wenn du
jetzt mal sachlich fleißig einfach arbeiten
tätst? Später prahle nicht und jetzt lach
nicht, dass du nicht in Übermut gerätst!"

Joachim Ringelnatz

Nicht heute

Ich weiß
wie es aussieht
überall und nirgendwo
schließlich lebe ich
nicht erst seit gestern.
Das Durcheinander ist alt
das Chaos bleibt
lebenslänglich
so vieles ist zu tun.
Aber heute will ich
einen Platz für mich
will die Sonne
den Himmel
so selten hat er dieses Blau.
Will spüren
dass meine Füße
leicht sein können
heute will ich mich freuen
dass es mich gibt.

Anne Steinwart

Was für ein Tag!

Manche meiner Freunde sehe ich nicht besonders oft. Die meisten sind berufstätig und haben Familie, da bleibt selten unverplante Zeit übrig. Umso „heiliger" sind mir die Gelegenheiten, wenn wir uns dann sehen. Der Vater meines Patenkinds ist einer von ihnen, und letzte Woche haben wir es endlich wieder zu einem unserer seltenen Treffen in der Kneipe um die Ecke geschafft. „Wie geht es dir? Wie geht es euch?", fragte ich fröhlich nach einer herzlichen Umarmung. Er seufzte. „Irgendwie ist es gerade ziemlich blöd."

„Was denn genau?", wollte ich wissen. „Eigentlich so ziemlich alles", antwortete er mir. „In der Firma haben zwei Leute gekündigt und ich muss jetzt die Arbeit auf die Schultern der anderen verteilen, weil die Stellen nicht nachbesetzt werden – wir müssen sparen. Gleichzeitig spüren alle, dass es dem Unternehmen nicht gerade gut geht, und haben auch noch Angst um ihren Job. Das bedrückt mich, ich würde ihnen so gerne die Angst nehmen, aber dann müsste ich lügen." „Oje", sagte ich und nippte an meiner Saftschorle. „Und der Rest?", fragte ich vorsichtig. „Hm, auch nicht viel besser. Die Kinder kommen in die Pubertät, da werden die Eltern anstrengend", sagte er und grinste schief. „Und zwischen uns als Paar ist auch nicht gerade Rosenzeit … Gestern morgen ist mir dann auf dem

Weg zur Arbeit noch einer ins Auto gefahren, und neben dem ganzen Chaos mit Polizei und Versicherung und Abschlepper musste ich dann abends mit der Bahn nach Hause fahren und war ewig unterwegs." Als ich gerade Luft holte, um etwas Betroffenes zu sagen, hellte sich plötzlich sein Gesicht auf und seine Augen begannen zu glänzen. „Als ich aber endlich zu Hause ankam, war ich seit langer Zeit mal wieder mit meinem Ältesten allein. Wir haben zusammen zu Abend gegessen und er hat mir von der Schule erzählt und von dem Mädchen, in das er verliebt ist, und von tausend anderen Dingen. Ich habe zugehört und ihm auch ein bisschen von mir erzählt. Dann haben wir eine ganze Weile einfach nur zusammen geschwiegen. Was für ein guter Tag!"

Das hat mich wirklich berührt. An schlechten und hässlichen Tagen das Schöne nicht aus den Augen zu verlieren, das ist eine Kunst, die mir selbst oft nur sehr schwer gelingt.

Leoni Frisch

Daseinsgenuss

Mach dich vertraut mit dem Gedanken,
dass doch das Letzte kommen muss,
und statt in Trübsinn hinzukranken,
wird dir das Dasein zum Genuss.

Theodor Fontane

Mensch sein

Mensch sein heißt vor allem die Hauptsache. Und
das heißt: fest und klar und heiter sein, ja, heiter
trotz alledem, denn das Heulen ist Geschäft der
Schwäche. Mensch sein heißt, sein ganzes Leben
„auf des Schicksals große Waage" freudig hinwer-
fen, wenn's sein muss, sich zugleich aber an jedem
hellen Tag und jeder schönen Wolke freuen, ach, ich
weiß keine Rezepte zu schreiben, wie man Mensch
sein soll, ich weiß nur, wie man's ist.

Rosa Luxemburg

Vergiss die Träume nicht

Vergiss die Träume nicht, wenn die Nacht
wieder über dich hereinbricht
und die Dunkelheit dich wieder
gefangen zu nehmen droht.
Noch ist nicht alles verloren.
Deine Träume und deine Sehnsüchte
tragen Bilder der Hoffnung in sich.
Deine Seele weiß,
dass in der Tiefe Heilung schlummert
und bald in dir ein neuer Tag erwacht.

Ich wünsch dir,
dass du die Zeiten der Einsamkeit
nicht als versäumtes Leben erfährst,
sondern dass du beim Hinhorchen in dich
selbst noch Unerschlossenes in dir entdeckst.

Ich wünsche dir, dass dich all das Unerfüllte
in deinem Leben nicht erdrückt,
sondern dass du dankbar sein kannst für das,
was dir an Schönem gelingt.

Ich wünsche dir, dass all deine Traurigkeiten
nicht vergeblich sind,
sondern dass du aus der Berührung
mit deinen Tiefen
auch Freude wieder neu erleben kannst.

Irischer Segenswunsch

Wanderlust

Die Zeit, sie orgelt emsig weiter,
Sein Liedchen singt dir jeder Tag,
Vermischt mit Tönen, die nicht heiter,
Wo keiner was von hören mag.
Sie klingen fort. Und mit den Jahren
Wird draus ein voller Singverein.
Es ist, um aus der Haut zu fahren.
Du möchtest gern woanders sein.
Nun gut. Du musst ja doch verreisen.
So fülle denn den Wanderschlauch.
Vielleicht vernimmst du neue Weisen,
Und Hühneraugen kriegst du auch.

Wilhelm Busch

Humor ist der
Regenschirm
des Weisen
Sachen zum Lachen

Ein Ehepaar erzählt einen Witz

„Herr Panter, wir haben gestern einen so reizenden Witz gehört, den müssen wir Ihnen … also den muss ich Ihnen erzählen. Mein Mann kannte ihn schon … aber er ist zu reizend. Also passen Sie auf.

Ein Mann, Walter, streu nicht den Tabak auf den Teppich, da! Streust ja den ganzen Tabak auf den Teppich, also ein Mann, nein, ein Wanderer verirrt sich im Gebirge. Also der geht im Gebirge und verirrt sich, in den Alpen. Was? In den Dolomiten, also nicht in den Alpen, ist ja ganz egal. Also er geht da durch die Nacht, und da sieht er ein Licht, und er geht grade auf das Licht zu … lass mich doch erzählen! das gehört dazu! … geht drauf zu, und da ist eine Hütte, da wohnen zwei Bauersleute drin. Ein Bauer und eine Bauersfrau. Der Bauer ist alt, und sie ist jung und hübsch, ja, sie ist jung. Die liegen schon im Bett. Nein, die liegen noch nicht im Bett …“

„Meine Frau kann keine Witze erzählen. Lass mich mal. Du kannst nachher sagen, ob's richtig war. Also nun werde ich Ihnen das mal erzählen.

Also, ein Mann wandert durch die Dolomiten und verirrt sich. Da kommt er – du machst einen ganz verwirrt, so ist der Witz gar nicht! Der Witz ist ganz anders. In den Dolomiten, so ist das! In den Dolomiten wohnt ein alter Bauer mit seiner jungen Frau. Und die haben gar nichts mehr zu essen; bis

zum nächsten Markttag haben sie bloß noch eine
Konservenbüchse mit Rindfleisch. Und die sparen
sie sich auf. Und da kommt ... wieso? Das ist ganz
richtig! Sei mal still ..., da kommt in der Nacht ein
Wandersmann, also da klopft es an die Tür, da steht
ein Mann, der hat sich verirrt, und der bittet um
Nachtquartier. Nun haben die aber gar kein Quar-
tier, das heißt, sie haben nur ein Bett, da schlafen
sie zu zweit drin. Wie? Trude, das ist doch Unsinn ... Das kann sehr nett sein!"

„Na, ich könnte das nicht. Immer da einen,
der – im Schlaf strampelt ..., also ich könnte das
nicht!"

„Sollst du ja auch gar nicht. Unterbrich mich
nicht immer."

„Du sagst doch, das wär nett. Ich finde das nicht
nett."

„Also ..."

„Walter! Die Asche! Kannst du denn nicht den
Aschenbecher nehmen?"

„Also ... der Wanderer steht da nun in der Hütte,
er trieft vor Regen, und er möchte doch da schlafen.
Und da sagt ihm der Bauer, er kann ja in dem Bett
schlafen, mit der Frau."

„Nein, so war das nicht. Walter, du erzählst es
ganz falsch! Dazwischen, zwischen ihm und der
Frau – also der Wanderer in der Mitte!"

„Meinetwegen in der Mitte. Das ist doch ganz
egal."

„Das ist gar nicht egal … der ganze Witz beruht ja darauf."

„Der Witz beruht doch nicht darauf, wo der Mann schläft!"

„Natürlich beruht er darauf! Wie soll denn Herr Panter den Witz so verstehen … lass mich mal – ich werd ihn mal erzählen! – Also der Mann schläft, verstehen Sie, zwischen dem alten Bauer und seiner Frau. Und draußen gewittert es. Lass mich doch mal!"

„Sie erzählt ihn ganz falsch. Es gewittert erst gar nicht, sondern die schlafen friedlich ein. Plötzlich wacht der Bauer auf und sagt zu seiner Frau – Trude, geh mal ans Telefon, es klingelt. – Nein, also das sagt er natürlich nicht … Der Bauer sagt zu seiner Frau … Wer ist da? Wer ist am Telefon? Sag ihm, er soll später noch mal anrufen – jetzt haben wir keine Zeit! Ja. Nein. Ja. Häng ab! Häng doch ab!"

„Hat er Ihnen den Witz schon zu Ende erzählt? Nein, noch nicht? Na, erzähl doch!"

„Da sagt der Bauer: Ich muss mal raus, nach den Ziegen sehn – mir ist so, als hätten die sich losgemacht, und dann haben wir morgen keine Milch! Ich will mal sehn, ob die Stalltür auch gut zugeschlossen ist."

„Walter, entschuldige, wenn ich unterbreche, aber Paul sagt, nachher kann er nicht anrufen, er ruft erst abends an."

„Gut, abends. Also der Bauer – nehmen Sie doch noch ein bisschen Kaffee! – Also der Bauer geht raus, und kaum ist er rausgegangen, da stupst die junge Frau ...“

„Ganz falsch. Total falsch. Doch nicht das erste Mal! Er geht raus, aber sie stupst erst beim dritten Mal – der Bauer geht nämlich dreimal raus – das fand ich so furchtbar komisch! Lass mich mal! Also der Bauer geht raus, nach der Ziege sehn, und die Ziege ist da; und er kommt wieder rein.“

„Falsch. Er bleibt ganz lange draußen. Inzwischen sagt die junge Frau zu dem Wanderer –“

„Gar nichts sagt sie. Der Bauer kommt rein ...“

„Erst kommt er nicht rein!“

„Also ... der Bauer kommt rein, und wie er eine Weile schläft, da fährt er plötzlich aus dem Schlaf hoch und sagt: Ich muss doch noch mal nach der Ziege sehen – und geht wieder raus.“

„Du hast ja ganz vergessen, zu erzählen, dass der Wanderer furchtbaren Hunger hat!“

„Ja. Der Wanderer hat vorher beim Abendbrot gesagt, er hat so furchtbaren Hunger, und da haben die gesagt, ein bisschen Käse wäre noch da ...“

„Und Milch!“

„Und Milch, und es wär auch noch etwas Fleischkonserve da, aber die könnten sie ihm nicht geben, weil die eben bis zum nächsten Markttag reichen muss. Und dann sind sie zu Bett gegangen.“

„Und wie nun der Bauer draußen ist, da stupst sie den, also da stupst die Frau den Wanderer in die Seite und sagt: Na …"

„Keine Spur! Aber keine Spur! Walter, das ist doch falsch! Sie sagt doch nicht: Na …!"

„Natürlich sagt sie: Na …! Was soll sie denn sagen?"

„Sie sagt: Jetzt wäre so eine Gelegenheit …"

„Sie sagt im Gegenteil: Na … und stupst den Wandersmann in die Seite …"

„Du verdirbst aber wirklich jeden Witz, Walter!"

„Das ist großartig! Ich verderbe jeden Witz? Du verdirbst jeden Witz – ich verderbe doch nicht jeden Witz! Da sagt die Frau …"

„Jetzt lass mich mal den Witz erzählen! Du verkorkst ja die Pointe …!"

„Also jetzt mach mich nicht böse, Trude! Wenn ich einen Witz anfange, will ich ihn auch zu Ende erzählen …"

„Du hast ihn ja gar nicht angefangen … ich habe ihn angefangen!"

„Das ist ganz egal – jedenfalls will ich die Geschichte zu Ende erzählen; denn du kannst keine Geschichten erzählen, wenigstens nicht richtig!"

„Und ich erzähle eben meine Geschichten nach meiner Art und nicht nach deiner, und wenn es dir nicht passt, dann musst du eben nicht zuhören …!"

„Ich will auch gar nicht zuhören ... ich will sie zu Ende erzählen – und zwar so, dass Herr Panter einen Genuss von der Geschichte hat!"

„Wenn du vielleicht glaubst, dass es ein Genuss ist, dir zuzuhören ..."

„Trude!"

„Nun sagen Sie, Herr Panter – ist das auszuhalten! Und so nervös ist er schon die ganze Woche ... ich habe ..."

„Du bist ..." – „Deine Unbeherrschtheit ..." – „Gleich wird sie sagen: Komplexe! Deine Mutter nennt das einfach schlechte Erziehung ..." – „Meine Kinderstube ...!"

„Wer hat denn die Sache beim Anwalt rückgängig gemacht, wer denn? Ich vielleicht? Du! Du hast gebeten, dass die Scheidung nicht ..." – „Lüge!" – Bumm: Türgeknall rechts. Bumm: Türgeknall links.

Jetzt sitze ich da mit dem halben Witz.

Was hat der Mann zu der jungen Bauersfrau gesagt?

Kurt Tucholsky

Kleine Fabel

„Ach", sagte die Maus, „die Welt wird enger mit jedem Tag. Zuerst war sie so breit, dass ich Angst hatte, ich lief weiter und war glücklich, dass ich endlich rechts und links in der Ferne Mauern sah, aber diese langen Mauern eilen so schnell aufeinander zu, dass ich schon im letzten Zimmer bin, und dort im Winkel steht die Falle, in die ich laufe."

„Du musst nur die Laufrichtung ändern", sagte die Katze und fraß sie.

Franz Kafka

Aurelias unglücklicher Bräutigam

Die in vorliegendem Falle mitgeteilten Tatsachen erfuhr ich aus dem Schreiben einer jungen Dame, die in der schönen Stadt San José lebt. Diese Dame ist mir völlig unbekannt, und sie hat ihren Brief nur mit Aurelia Marie unterschrieben, was möglicherweise ein Pseudonym ist. Aber, wie dem auch sei, dem armen Mädchen will ob dem Missgeschick, das sie betroffen, fast das Herz brechen. Sie ist von den sich widersprechenden Ratschlägen missleiteter Freunde und tückischer Feinde so verwirrt, dass sie nicht weiß, wie sie sich aus dem Netz von Schwierigkeiten herauswinden könnte, in dem sie

hoffnungslos verstrickt zu sein scheint. In diesem
Dilemma wendet sie sich an mich um Hilfe und
erbittet mit einer rührenden Beredsamkeit, die ein
steinernes Herz erweichen könnte, meinen Rat und
Beistand. Hier folgt nun die traurige Geschichte.

Als sie sechzehn Jahre alt war, schreibt sie, lern-
te sie einen um etwa sechs Jahre älteren jungen
Mann aus New Jersey kennen. Er hieß Williamson
Breckinridge Caruthers, und sie verliebte sich in
ihn mit der ganzen Glut eines leidenschaftlichen
Wesens. Sie verlobten sich mit Zustimmung ihrer
Angehörigen, und es schien längere Zeit, dass ihr
Leben von allen Sorgen befreit sein sollte, die im
Dasein sich gewöhnlich geltend machen. Endlich
wendete sich aber das Glück. Caruthers bekam die
Pocken, und als er nach längerer Krankheit genas,
glich sein Gesicht einem Reibeisen, und seine
Schönheit war für immer dahin. Anfangs beabsich-
tigte nun Aurelia die Verlobung zu lösen, doch das
Mitleid mit dem unglückseligen Bräutigam über-
wog, und sie verschob nur die Hochzeit auf einige
Monate später, um während dieser Zeit mit der
veränderten Lage vertrauter zu werden.

Am Tage, an dem nun die Hochzeit hätte stattfinden sollen, fiel Breckinridge, als sein Blick dem
Fluge eines Luftballons folgte, in einen Graben,
und er brach ein Bein, das ihm schließlich oberhalb
des Knies abgenommen werden musste. Wieder
war Aurelia nahe daran, die Verbindung aufzuhe-

ben, aber wieder siegte die Liebe, und sie schob nur
abermals den Hochzeitstag hinaus, um sich wieder
an die Verhältnisse zu gewöhnen.

Doch nochmals überkam ein Missgeschick den
unglücklichen jungen Mann. Ein verfrühter Kano-
nenschuss anlässlich der Unionsfeier ließ ihn einen
Arm verlieren, und den zweiten riss ihm drei Monate später eine Dreschmaschine fort. Diese Un-
glücksfälle zermalmten Aurelias Herz fast. Es
schmerzte sie aufs Tiefste zu sehen, wie ihr Bräutigam vor ihren Augen in Stücke ging. Sie wusste,
dass er unter diesem fürchterlichen Reduktions-
prozess nicht mehr lange bestehen konnte, doch sie
kannte kein Mittel, um dem abzuhelfen. In ihrer
tränenreichen Verzweiflung mochte sie fast bedau-
ern, dass sie ihn nicht gleich nach dem ersten Unfall
geheiratet hatte, wie ein Mann von der Börse, der
sich sofort beim ersten Kursrückgang zu decken
sucht. Indessen überwand sie alle ihre Empfindun-
gen und beschloss, sich mit ihres Bräutigams unna-
türlicher Veranlagung zu befreunden.

Wieder nahte der festgesetzte Hochzeitstag, und
wieder stellte sich das Unglück ein. Caruthers ver-
fiel in eine Krankheit und erblindete an einem Auge. Die Verwandten der Braut meinten nun, sie
hätte bereits mehr getan als vernünftigerweise von
ihr zu fordern war, und verlangten, dass sie die Verlobung als gelöst betrachte. Doch nach einigem
Schwanken erklärte Aurelia mit aller Großmut, die

sie auszeichnete, sie habe ruhig über die Sache nachgedacht, könne aber nichts entdecken, was Breckinridge irgendwie zur Last gelegt werden könne. So schob sie denn den Verbindungstag wieder hinaus, und er brach indessen das andere Bein.

Es war ein trauriger Tag für das arme Mädchen, als sie sah, wie die Ärzte mit ernsten Mienen die Bahre forttrugen, deren Anwendung durch die vorhergegangenen Erfahrungen sie kannte, und ihr Herz sagte ihr die bittere Wahrheit, dass wieder ein Teil ihres Bräutigams dahin sei. Sie fühlte aber auch, dass ihre Neigung zu ihm immer kräftiger wurde, und widersetzte sich dem Drängen ihrer Angehörigen umso mehr, indem sie ihr Verlöbnis erneuerte.

Kurz bevor die Hochzeit hätte stattfinden sollen, ereignete sich ein neues Unglück. In diesem Jahre skalpierten die Owens-River-Indianer nur einen Mann, und dieser eine war gerade Williamson Breckinridge Caruthers aus New Jersey. Während er frohen Herzens nach Hause humpelte, verlor er sein Haar für immer.

Nun ist Aurelia in Verlegenheit, was sie tun soll. Sie liebt noch ihren Breckinridge. Sie schreibt mit echt weiblichem Gefühl, sie liebe noch, was von ihm vorhanden sei. „Was soll ich nun tun?", fragt sie in schmerzlicher Verlegenheit.

Es ist dies eine heikle Frage, eine Frage, die das lebenslängliche Glück eines Weibes und ungefähr zwei Drittel des Mannes betrifft, und ich fühle, ich nähme hier eine zu große Verantwortung auf mich, wenn ich eine entscheidende Antwort gäbe. Wie wäre es, wenn man versuchen würde, ihn wiederherzustellen? Hätte Aurelia die Mittel, so könnte sie ihren verstümmelten Bräutigam mit hölzernen Armen und Füßen, mit einem Glasauge und Perücke ausrüsten, was ihm ein anderes Aussehen gäbe. Sie könnte ihm ferner noch eine neunzigtägige Frist gewähren und, wenn er in dieser Zeit nicht den Hals bricht, ihn heiraten und den Dingen ihren Lauf lassen. Meines Erachtens riskiert Aurelia hierbei keineswegs viel, denn wenn er fernerhin die besondere Eigenart bekundet, zu Schaden zu kommen, sooft sich dafür eine gute Gelegenheit bietet, so dürfte sein nächstes Experiment sein Ende herbeiführen, und dann wird sie, verheiratet oder ledig, der Sache einmal los. Ist sie dann bereits verheiratet so würden die hölzernen Gliedmaßen und ähnliche Werte der Witwe zufallen. Sie hätte dann höchstens nur den Verlust des Bruchteils eines edlen, aber unglücklichen Ehemannes zu beklagen, der redlich bemüht war, alles aufs Beste zu machen, aber ganz ungewöhnliche Instinkte wider sich hatte. Aurelia soll es versuchen. Ich habe mir die Sache gut und sorgfältig überlegt und finde, dass es für sie der einzige Ausweg ist. Es wäre seitens Caruthers ein prächtiger Einfall gewesen, wenn er die Sache mit seinem Hals begonnen und den zuerst

gebrochen hätte. Da er aber einen andern Weg ein-
schlug und die Sache so lang wie möglich hinaus-
schiebt, so glaube ich nicht, dass wir ihm dabei irgendwie hinderlich sein dürfen. Wir müssen unter
solchen Umständen das Beste tun, was sich machen
lässt, und den Dingen ihren Lauf lassen.

Mark Twain

Die alte Sorge

Er kriegte Geld. Die Sorge wich,
Die ihn bisher beklommen.
Er hat die Jungfer Fröhlich sich
Zu seinem Schatz genommen.
Sie tranken Wein, sie aßen fein,
Sie sangen zum Klaviere;
Doch wie sie sich so recht erfreun,
Da klopft es an die Türe.
Die alte Sorge war's, oh weh,
Die magerste der Sorgen.
Sie setzte sich ins Kanapee
Und wünschte guten Morgen.

Wilhelm Busch

Ich gehe mit einer langen Frau

Erika ist ein bisschen lang geraten – sie weiß es und sie ist sehr unglücklich darüber. Es sind genau acht Zentimeter zu viel.

Wie habe ich ihr schon gut zugeredet! Um sie zu trösten, habe ich ihr die Geschichte von der langen Dame erzählt, die im Parkett sitzt, und die Leute hinter ihr rufen: „Setzen! Setzen!" – Empört steht sie auf, um die Rufer zur Ruhe zu verweisen, da schreit einer: „Jetzt steigt det Aas noch uff de Banke!" – Tröstet sie nicht.

Dann habe ich ihr erzählt, wie eine andere lange Dame an einer Gartenhecke vorbeiging und den Gärtner im Garten fragte, wo es denn nach Adlershorst gehe. „Da reiten Sie nur immer geradeaus ...", sagte der Gärtner. Tröstet sie auch nicht.

Aber mit Erika spazieren gehen, das ist ein wirklicher Genuss. Nicht nur, weil sie eine so reizende Dame ist ... nein: Ich lese in den Augen aller Vorübergehenden, und das ist ein großes Vergnügen.

Meinerseits bin ich etwas klein und dick. Gott sieht aufs Herz. Und nun ist Erika sehr schlank und groß. Und wenn wir dann beide durch die Straßen gehen, dann freuen sich die Leute an dem stattlichen Paar, und ich lese also in den Augen.

Die Männer sehen meist an uns vorbei; sie haben keine Zeit. Wenn sie aufsehen, freuen sie sich ein bisschen, aber doch nur flüchtig – ein Mann ist so

ein Dussel, er weiß gar nicht, was eine schöne Scha-
denfreude ist. Und wenn die Männer allein gehen,
dann denken sie, und damit haben sie vollauf zu
tun. (Und dann muss man sehen, was dabei heraus-
kommt!)

Aber die Frauen ...!

Es geht so blitzschnell, und ich habe meine große Freude daran.

In den Augen steht:

„Hurra! Eine Frau, die mir unterlegen ist! Sie ist
zu lang! Tobby! Mama! Margot! Hast du die gesehen? Guck mal die! Das ist aber eine lange Stange!"
Das ist hässlich – Erika ist gar keine Stange, das
weiß ich nun besser. Aber sie ist acht Zentimeter zu
lang, und das ist ein Nachteil, der sofort in die
schönen Augen der Spaziergängerinnen fällt, und
ich lese:

„Sie ist zu lang. Hihi. Die möcht ich mal tanzen
sehen. Die möcht ich mal laufen sehen! Steigt der
kleine Dicke auf eine Fußbank, wenn er sie küsst?
Lisa, guck mal!"

Lisa guckt und findet das nun auch. Es ist aber
auch zu schön ...! So eine große Frau –!

Übrigens gibt es da Nuancen, und es kommt
alles auf die Kinderstube an. Hat die Kinderstube
nach Norden gelegen, dann bricht die Schadenfreu-
de unverhohlen aus: In den Augen glimmt das
Flämmchen der Nächstenliebe, ein spöttisches Ge-
blinkere hebt an, Zwinkern und Blinkern, der El-

lenbogen stupst den Nachbarn in die trauliche Seite, und zwei sind sich einig in einem unaussprechlichen Glück: dem Nebenmenschen eins auswischen zu können.

Bei feineren Leuten flitzt nur ein schneller Blick hinüber, fast unmerklich ..., aber Erika ist gerichtet. So tragen wir viel zur Erheiterung unserer Nächsten bei.

Es ist unerfindlich, wie boshaft Menschen sein können. Erika kann doch nichts dafür, dass sie so lang ist. Mir ist sie gerade richtig –, mir ist sie nicht zu lang. Und es ist doch schließlich mehr als gemein, so über Eigenschaften herzuziehen, für die keiner was kann.

Da gehen wir, und ich fange alle diese Blicke auf.

Entgegen kommt uns ein Paar. Er von normaler Statur, und sie: so zierlich, so puppenhaft, so klein, so unendlich lütt ...

Ich stupse Erika in die Seite und lasse blitzschnell einen Blick auf Frau Liliput hinüberflitzen.

„Erika", sagte ich, „hast du diese kleine Person gesehen –? Lächerlich. Ist ja lächerlich. Was macht der, wenn er sie küsst –?"

Kurt Tucholsky

Ein Wort gibt das andere

Ein reicher Herr im Schwabenland schickte seinen Sohn nach Paris, dass er sollte Französisch lernen und ein wenig gute Sitten. Nach einem Jahr oder drüber kommt der Knecht aus des Vaters Haus auch nach Paris. Als der junge Herr den Knecht erblickte, rief er voll Staunen und Freude aus: „Ei Hans, wo führt dich der Himmel her? Wie steht es zu Hause, und was gibt's Neues?" – „Nicht viel Neues, Herr Wilhelm, als dass vor einigen Tagen Euer schöner Rabe krepiert ist, den Euch vor einem Jahr der Weidgesell geschenkt hat."

„Oh, das arme Tier", erwiderte Herr Wilhelm. „Was hat ihm denn gefehlt?"

„Drum hat er zu viel Luder gefressen, als unsere schönen Pferde fielen, eins nach dem andern. Ich hab's gleich gesagt."

„Wie! Meines Vaters vier schöne Mohrenschimmel sind gefallen?", fragte der Herr Wilhelm. „Wie ging das zu?"

„Drum sind sie zu sehr angestrengt worden mit Wasserführen, als uns Haus und Hof verbrannte, und hat doch nichts geholfen."

„Um Gottes willen!", rief der Herr Wilhelm voll Schrecken aus. „Ist unser schönes Haus verbrannt? Wann das?"

„Drum hat man nicht aufs Feuer achtgegeben, an Ihres Herrn Vaters seliger Leiche, und ist bei

Nacht begraben worden mit Fackeln. So ein
Fünklein ist bald verzettelt."

„Unglückselige Botschaft!", rief voll Schmerz
der Herr Wilhelm aus. „Mein Vater tot? Und wie
geht's meiner Schwester?"

„Drum eben hat sich Ihr Herr Vater seliger zu
Tod gegrämt, als Ihre Jungfer Schwester ein Kind-
lein gebar, und hatte keinen Vater dazu. Es ist ein
Büblein.

Sonst gibt's just nicht viel Neues", setzte er hin-
zu.

Johann Peter Hebel

Mehr Glück als Verstand

*Anmerkung: Dies ist keine erfundene Geschichte. Ein
Geistlicher, der vor vierzig Jahren Lehrer an der englischen
Kriegsschule in Woolwich war, hat sie mir erzählt und sich
für die Wahrheit verbürgt. – M. T.*

Es war in London bei dem Festmahl, das zu Ehren
einer der wenigen großen militärischen Berühmt-
heiten der Gegenwart gegeben wurde, welche Eng-
land besitzt. Den wahren Namen und Titel dieses
Kriegshelden und Inhabers der höchsten Orden
verschweige ich aus Gründen, welche jedem sofort
einleuchten werden. Ich will ihn Generalleutnant
Artur Scoresby nennen.

Welcher Reiz doch in einem berühmten Namen liegt! Dort saß der Mann in Fleisch und Blut, von dem ich vieltausendmal gehört hatte, seit jenem Tage vor über dreißig Jahren, als der Glanz seines Ruhmes plötzlich von einem Schlachtfeld der Krim bis zu den Sternen emporstieg, um nie wieder zu verblassen! Ich verwandte kein Auge von dem Halbgott; sein Anblick war mir wie eine wahre Herzenserquickung, ich konnte mich nicht satt an ihm sehen. Nichts entging meiner scharfen Beobachtung: Ich sah die Ruhe, die Zurückhaltung, den edlen Ernst seines Antlitzes, die biedere Redlichkeit, die sich in seinem ganzen Wesen ausprägte. Dabei schien er weder ein Bewusstsein von seiner eigenen Größe zu haben, noch zu bemerken, wie viele bewundernde Blicke auf ihn gerichtet waren, mit wie tiefer, aufrichtiger, liebevoller Verehrung die Herzen der Versammelten ihm entgegenschlugen.

Zu meiner Linken saß ein alter Bekannter von mir. Er war jetzt Pfarrer, hatte jedoch nicht immer ein geistliches Amt bekleidet, sondern sein halbes Leben als Lehrer in der Militärschule zu Woolwich und im Feldlager zugebracht. In seinen Augen schimmerte ein seltsam verschleierter Glanz, als er sich jetzt zu mir herabbog und auf den Helden deutend, dem die Feier galt, mir verstohlen zuflüsterte:

„Im Vertrauen gesagt – er ist ein Dummkopf, wie es keinen zweiten gibt."

Dieses Urteil überraschte mich aufs Höchste. Wäre es über Napoleon, Sokrates oder Salomo gefällt worden, mein Staunen hätte nicht größer sein können. An der Wahrheitsliebe des Pfarrers zweifelte ich keinen Augenblick, auch wusste ich, dass er große Menschenkenntnis besaß. Daher stand es für mich sofort mit unumstößlicher Sicherheit fest, dass sich die Welt in Betreff dieses Helden im Irrtum befinden müsse: Er war wirklich ein Dummkopf. Mich interessierte nur noch, zu wissen, wie der Pfarrer ganz allein und auf eigene Hand dies Geheimnis entdeckt habe. Ich beschloss, mich bei nächster Gelegenheit danach zu erkundigen.

Einige Tage später tat ich das, und der Pfarrer erzählte Folgendes:

„Vor vierzig Jahren war ich als Lehrer an der Militärschule zu Woolwich und hörte in der Abteilung, bei welcher sich der junge Scoresby befand, dem Probeexamen zu. Mit aufrichtigem Mitleid bemerkte ich, dass, während seine Klassengefährten kluge und richtige Antworten gaben, er sozusagen gar nichts wusste. Er machte den Eindruck eines guten, freundlichen, harmlosen und liebenswürdigen jungen Menschen, und es war mir höchst peinlich, ihn mit der größten Unbefangenheit Antworten geben zu hören, die eine wahrhaft beispiellose Unwissenheit und Dummheit verrieten. Voll innigem Mitgefühl sagte ich mir, dass er zwar beim Examen bestimmt durchfallen müsse, es aber doch menschenfreundlich wäre, ihm beizustehen, damit seine Niederlage ihn nicht völlig zu Boden schmettere.

So nahm ich ihn denn besonders vor und entdeckte, dass er mit Cäsars Geschichte einigermaßen vertraut war; da er im Übrigen gar nichts wusste, machte ich mich ans Werk und trichterte ihm, im Schweiße meines Angesichts, ein Dutzend Antworten auf die herkömmlichen Fragen über Cäsar ein. Und mithilfe dieser ganz oberflächlichen Einpaukerei – sollte man sich so etwas vorstellen – bestand er nicht nur sein Examen glänzend, sondern erntete noch Lobsprüche obendrein, während andere, die tausendmal mehr wussten als er, einfach durchfielen. Ein merkwürdig glücklicher Zufall, wie er vielleicht im Laufe eines Jahrhunderts nicht zum zweiten Mal vorkommt, hatte nämlich gewollt, dass keine Frage an ihn gerichtet wurde, auf welche ich ihm die Antwort nicht eingepaukt hatte.

So ging es auch mit den übrigen Fächern; ich lieh ihm meine Hilfe, denn ich hatte Erbarmen mit ihm, wie eine Mutter mit ihrem schwächlichen Kinde – und siehe da – jedes Mal rettete er sich wie durch ein Wunder vor dem Untergang.

An der Mathematik musste er jedoch schließlich Schiffbruch leiden, das war klar. Ich beschloss, ihm den Sturz so erträglich zu machen, wie es ging. Ich richtete ihn ab und stopfte in ihn hinein, so viel ich konnte, paukte ihm die Antworten ein, die der Examinator aller Wahrscheinlichkeit nach verlangen würde, und überließ ihn dann seinem Schicksal. Nun denken Sie sich meine Verwunderung und Bestürzung, als er den ersten Preis erhielt und alle Anwesenden seines Lobes voll waren.

Mein Gewissen ließ mir Tag und Nacht keine Ruhe. Mir lag eine Last auf der Seele, als hätte ich ein Verbrechen begangen. Eine Woche lang tat ich kein Auge zu – und doch hatte ich nur aus reinstem Mitleid dem armen Jungen beigestanden, damit seine Niederlage nicht gar zu kläglich werden möchte. Der Gedanke an ein so unerhörtes Ergebnis wie das vorliegende wäre mir auch nicht im Traume gekommen. Es konnte die verhängnisvollsten Folgen nach sich ziehen. Ich hatte einem völlig vernagelten Menschen den Weg zur glänzendsten Laufbahn eröffnet, vielleicht zu einer Stellung von der höchsten Verantwortlichkeit. Vertraute man ihm aber einen solchen Posten an, so waren er und seine Sache bei dem ersten besten Anlass unrettbar verloren.

Der Krimkrieg war gerade ausgebrochen. Natürlich – dachte ich bei mir – muss ein Krieg kommen, um jenem Dummkopf Gelegenheit zu geben, sich totschießen zu lassen, bevor seine Unfähigkeit ans Licht kam. Ich zitterte vor einem großen Krach – und er blieb nicht aus. In der Zeitung las ich, dass der Mensch zum Hauptmann ernannt worden war und mit seinem Regiment ausrücken sollte. Andere

Leute können alt und grau werden, ehe sie zu solcher Höhe emporklimmen. Wie war es nur möglich, dass man einer so unerfahrenen und ungeprüften Kraft eine derartige Verantwortung auflud? – Hätte man ihn zum Fähnrich gemacht, ich würde mich vielleicht beruhigt haben – aber zum Hauptmann –, das war unerhört. Ich glaubte, mich solle der Schlag rühren.

Nun hören Sie, was ich tat – ich, der ich Ruhe und Beschaulichkeit über alles liebe. Ich sagte mir, dass ich mein Vaterland in diese Gefahr gebracht habe, und es daher meine Pflicht sei, es, soweit es in meiner Macht stehe, vor Scoresby zu schützen. So beschloss ich denn, ihm nicht von der Seite zu weichen; ich nahm seufzend mein kleines Kapital zur Hand, das ich mit jahrelanger harter Arbeit und strengster Sparsamkeit erworben hatte, kaufte mir ein Fähnrichpatent in seiner Kompagnie, und fort ging es auf den Kriegsschauplatz.

Aber dort – du lieber Himmel –, was musste ich erleben! Dass er einen Missgriff nach dem anderen begehen würde, verstand sich von selbst. Allein, niemand wusste um sein Geheimnis; man umgab ihn mit einem falschen Nimbus und beurteilte alle seine Taten von einem verkehrten Gesichtspunkt aus – die größten Dummheiten, die er machte, galten für geniale Eingebungen. Es war entsetzlich! Er ließ sich Versehen zuschulden kommen, von denen das Geringste derart war, dass, wer nur den ge-

wöhnlichsten Menschenverstand besaß, darüber
hätte weinen mögen. Das tat ich denn auch im Ge-
heimen; ja, ich weinte nicht nur, ich raste und
schäumte vor Wut.

Was mich aber in förmlichen Angstschweiß ver-
setzte, war die Beobachtung, dass jeder neue Irrtum, in den er geriet, den Glanz seines Namens nur
vermehrte. ‚Er wird so hoch steigen‘, sagte ich mir,
‚dass man meint, die Sonne falle vom Himmel he-
runter, wenn die unausbleibliche Entdeckung
schließlich erfolgt.‘

Über die Leichen seiner Vorgesetzten hinweg
ward er von einer Stufe zur anderen befördert, bis
endlich, im wildesten Gewühl der Schlacht bei ***
unser Oberst vom Pferde sank. Alles Blut strömte
mir zum Herzen – denn Scoresby war ihm im Rang
der Nächste. ‚Jetzt ist der Augenblick da‘, dachte
ich, ‚noch zehn Minuten, und wir sind alle zum
Teufel.‘ Die Schlacht tobte fürchterlich, überall ge-
rieten die Verbündeten ins Wanken. Unser Regiment nahm eine der wichtigsten Stellungen ein –
geschah jetzt ein Missgriff, so waren wir vernichtet.

Was aber tat der Narr aller Narren in diesem
entscheidungsvollen Augenblick? – Er ließ das Regiment ausrücken, um einen benachbarten Hügel
zu besetzen, auf welchem auch nicht die geringste
Spur feindlicher Truppen zu entdecken war.

‚Nur immer zu‘, dachte ich bei mir, ‚jetzt läufst
du sicher in dein Verderben!‘

Fort stürmten wir und hatten schon den Gipfel des Hügels erreicht, bevor noch das wahnwitzige Unternehmen entdeckt und verhindert werden konnte. Was aber fanden wir? – Eine ganze russische Reservearmee, von der kein Mensch etwas ahnte. Und was geschah? – Wurden wir in Stücke gehauen? Das wäre in neunundneunzig Fällen unter hundert unfehlbar geschehen. Doch nein – die Russen sagten sich, dass, wie die Sachen standen, unmöglich ein einziges Regiment den Angriff wagen könne, die ganze englische Armee müsse im Anzug – die geplante Kriegslist entdeckt und vereitelt sein. Sie machten rechtsumkehrt und stürzten sich über Hals und Kopf in wildem Durcheinander den Hügel hinab auf das Schlachtfeld – wir immer hinter ihnen drein. Sie selbst durchbrachen die feste russische Schlachtordnung und richteten die heilloseste Verwirrung an. Die Niederlage der Verbündeten verwandelte sich in einen entscheidenden, glänzenden Sieg.

Marschall Canrobert, welcher, überwältigt von Staunen, Bewunderung und Entzücken, den Angriff beobachtet hatte, sandte sofort nach Scoresby, schloss ihn gerührt in die Arme und schmückte ihm eigenhändig, im Angesicht sämtlicher Heere, die Brust mit dem höchsten Orden.

Was aber war die eigentliche Veranlassung zu Scoresbys Missgriff gewesen? Diesmal weiter nichts, als dass er rechts und links verwechselt hat-

te. Ihm war Befehl erteilt worden, sich zurückzu-
ziehen, um den rechten Flügel zu verstärken; statt-
dessen rückte er vor und zog sich nach links, den
Hügel hinauf. Der Ruhm seines militärischen Ge-
nies aber ist seit jenem Tage in alle Welt hinausge-
flogen und wird für ewige Zeiten in den Büchern
der Geschichte leuchten.

Liebenswürdig ist er, freundlich, gut und an-
spruchslos, wie nur ein Mensch sein kann, aber er
versteht gar nichts, in keiner Lage weiß er sich zu
helfen und würde sich ruhig nassregnen lassen,
statt unter Dach zu gehen. Ich versichere Ihnen, es
ist die reinste Wahrheit: Einen größeren Dummkopf wie ihn gibt es nicht auf der Welt. Noch vor
einer halben Stunde aber war ich, außer ihm selbst,
der einzige Mensch, der das wusste. Jahraus, jah-
rein und Tag für Tag ist er von einem ganz uner-
hörten und beispiellosen Glück förmlich verfolgt
worden. Er hat sich ein Menschenalter hindurch in
allen unseren Kriegen mit Glanz hervorgetan. Seine militärische Laufbahn wimmelt von Missgriffen
aller Art, aber für jeden Fehler, den er beging, hat
er entweder ein Ehrenzeichen erhalten, oder er ist
zum Lord, zum Baron oder zu sonst etwas gemacht
worden. Sie haben ja neulich bei dem Festmahl gesehen, wie seine Brust mit fremden und einheimi-
schen Orden über und über bedeckt war; jeden
einzigen, das können Sie mir glauben, trägt er zum
Andenken an irgendeinen haarsträubenden Irr-

tum, alle zusammengenommen aber bilden den
schlagendsten Beweis, dass Glück das beste Ange-
binde ist, welches einem Menschenkinde in die
Wiege gelegt werden kann."

Mark Twain

Märchen

Es war einmal ein Kaiser, der über ein unermesslich
großes, reiches und schönes Land herrschte. Und
er besaß wie jeder andere Kaiser auch eine Schatz-
kammer, in der inmitten all der glänzenden und
glitzernden Juwelen auch eine Flöte lag. Das war
aber ein merkwürdiges Instrument. Wenn man
nämlich durch eins der vier Löcher in die Flöte hi-
neinsah – oh! was gab es da alles zu sehen! Da war
eine Landschaft darin, klein, aber voll Leben: eine
Thoma'sche Landschaft mit Böcklin'schen Wolken
und Leistikow'schen Seen. Reznicek'sche Däm-
chen rümpften die Nasen über Zille'sche Gestalten,
und eine Bauerndirne Meuniers trug einen Arm
voll Blumen Orliks – kurz, die ganze moderne
Richtung war in der Flöte.
Und was machte der Kaiser damit? Er pfiff drauf.

Kurt Tucholsky

Charité-Vorfall

Der von einem Kutscher kürzlich übergefahrne Mann namens Beyer hat bereits dreimal in seinem Leben ein ähnliches Schicksal gehabt; dergestalt, dass bei der Untersuchung, die der Geheimenrat Herr K. in der Charité mit ihm vornahm, die lächerlichsten Missverständnisse vorfielen. Der Geheimenrat, der zuvörderst seine beiden Beine, welche krumm und schief und mit Blut bedeckt waren, bemerkte, fragte ihn, ob er an diesen Gliedern verletzt wäre? Worauf der Mann jedoch erwiderte: nein! Die Beine wären ihm schon vor fünf Jahren, durch einen andern Doktor, abgefahren worden.

Hierauf bemerkte ein Arzt, der dem Geheimenrat zur Seite stand, dass sein linkes Auge geplatzt war; als man ihn jedoch fragte, ob ihn das Rad hier getroffen hätte? antwortete er: nein! Das Auge hätte ihm ein Doktor bereits vor 14 Jahren ausgefahren.

Endlich, zum Erstaunen aller Anwesenden, fand sich, dass ihm die linke Rippenhälfte, in jämmerlicher Verstümmelung, ganz auf den Rücken gedreht war; als aber der Geheimenrat ihn fragte, ob ihn des Doktors Wagen hier beschädigt hätte? antwortete er: nein! Die Rippen wären ihm schon vor sieben Jahren durch einen Doktorwagen zusammengefahren worden. – Bis sich endlich zeigte, dass ihm durch die letztere Überfahrt der linke Ohrknorpel ins Gehörorgan hineingefahren war. – Der Berichterstatter hat den Mann selbst über diesen Vorfall vernommen, und selbst die Todkranken, die in dem Saale auf den Betten herumlagen, mussten über die spaßhafte und indolente Weise, wie er dies vorbrachte, lachen. – Übrigens bessert er sich; und falls er sich vor den Doktoren, wenn er auf der Straße geht, in Acht nimmt, kann er noch lange leben.

Heinrich von Kleist

Auf einen Blick

Kurztext • 2–3 Min. •• über 3 Min. •••

Titel AutorIn	Thema	Vor- lese- zeit	Seite
Regeln für einen glück-lichen Tag *Aus Brasilien*	Glücksideen für den Alltag	•	12
Freude und Schmerz *Khalil Gibran*	Wie Freude und Leid zusammengehören	••	13
Play it again *Paulo Coelho*	Liebe, was du tust!	•	15
Und ich darf noch *Joachim Ringelnatz*	Leben ist schön, auch wenn es nicht immer schön ist	•	16
Der Müller ohne Sorgen *Karl Müllendorf*	Sorgen zu haben ist Ansichtssache	••	17
Die Kuh im Wohnzimmer *Anthony de Mello*	Manchmal weiß man gar nicht, wie gut es einem geht	••	18
Anekdote zur Senkung der Arbeitsmoral *Heinrich Böll*	Zufrieden sein mit dem, was man hat	•••	19
Alle Tage *Catharina Elisabeth Goethe*	Man kann an jedem Tag etwas finden, was Freude macht	•	24

Titel AutorIn	Thema	Vor-lese-zeit	Seite
Der Zar und das Hemd *Leo Tolstoi*	Reichtum macht nicht glücklich	••	24
Morgenwonne *Joachim Ringelnatz*	Gute Laune am Morgen	•	26
Wer war die Glücklichste *Hans Christian Andersen*	Glücklich ist, wer beschließt, es zu sein	•••	27
Vertraut *Wilhelm Busch*	Wer Vertrauen hat, kann überall Schönheit finden	•	34
Das Auto *Lily Brett*	Glück im Unglück	•••	34
Die Welt ist allzeit schön *Berthold Heinrich Brockes*	Jede Jahreszeit hat ihre Schönheit	•	38
Den Himmel finden *Otto Ludwig*	Wo das Glück zu finden ist	•	38
Der Geizige *Gotthold Ephraim Lessing*	Was macht wirklich reich?	•	39
Tanzen *Sören Kierkegaard*	Es kommt darauf an, wie man es betrachtet	•	40
Glück *Clemens Brentano*	Was ist Glück?	••	41
Das Ideal *Kurt Tucholsky*	Vergleichen mit anderen macht unglücklich	••	42

Titel AutorIn	Thema	Vor- lese- zeit	Seite
Das Märchen vom Glück *Erich Kästner*	Vom Umgang mit den eigenen Wünschen	•••	44
Wo sich Freude versteckt *Leoni Frisch*	Freude in den kleinen Dingen finden, die man liebt	•	50
Ein Kräutergar- ten für die Seele *Pierre Stutz*	Ein Garten ist zu jeder Zeit ein Ort, um Freude zu finden	••	51
Seligpreisungen *Die kleinen Schwestern des Charles de Foucauld, Paris*	Kleine Dinge ernst und große Dinge gelas- sen nehmen		53
Die Rose *Unbekannter Verfasser*	Der Mensch lebt nicht vom Brot allein	••	54
Was trägt *Aurelius Augustinus*	Kleine Gesten im Alltag machen einen selbst und andere glücklich	•	55
Mit freundlichen Grüßen *Peter Bichsel*	Was ist Freundschaft?	••	56
Sonne *Ute Latendorf*	Im Augenblick sein, wunschlos glücklich sein	•	60
Ein schöner Tag *Anthony de Mello*	Pflücke den Tag!	••	61
Ohne Anstrengung *Theodor Fontane*	Man muß nichts leisten, um glücklich zu sein	•	62
Wenn du sprichst *Else Lasker- Schüler*	Die Stimme eines geliebten Menschen zu hören, macht froh	•	62

Titel AutorIn	Thema	Vor- lese- zeit	Seite
Aus dem Leben ein Fest machen *Petra Urban*	Aus jedem Tag einen Festtag machen, indem man die kleinen Dinge feiert	•••	63
Kleine Glücke *Theodor Fon-* *tane*	Sich an Kleinigkeiten freuen	•	67
Täglich *Vreni Merz*	Was (nicht nur im Alter) glücklich macht –jeden Tag neu	•••	68
Herrlicher Tag *Rosa Luxem-* *burg*	Das Schöne im Alltäglichen entdecken	•	69
Ich liebe *Jörg Zink*	Die Schönheit der Schöpfung entdecken	••	70
Täglich zu singen *Matthias Clau-* *dius*	In jedem Tag das Wunderbare entdecken	••	72
Ganz einfach *Robert Louis* *Stevenson*	Die besten Dinge im Leben sind die alltäg- lichsten	•	73
Mittwochs im Mai *Anne Steinwart*	Sich eine Auszeit gönnen	•	74
Flügel wachsen lassen *Christa Spil-* *ling-Nöker*	In schweren Zeiten auf die eigene Kraft vertrauen	••	76
Schwebende Zukunft *Joachim* *Ringelnatz*	Manchmal werden aus Sorgen über die Zukunft schönste Blumen – wenn man sie loslassen kann	••	77
Die beste Me- dizin *Phil Bosmans*	Ein Tag ohne Lachen ist ein verlorener Tag	••	78

Titel AutorIn	Thema	Vor- lese- zeit	Seite
Schale sein *Bruno Dörig*	Die Dinge nehmen, wie sie kommen	•	79
Vergessen können *Hannah Valentin*	Vergessen ist eine Kunst – und hilft, wieder Vertrauen zu finden	•	80
Die Kunst des Clowns *Phil Bosmans*	Das Lachen nicht verlernen, auch wenn man traurig ist	••	80
Geduld *Teresa von Ávila*	Alt werden ist nicht einfach, aber man muss es sich auch nicht schwer machen	••	82
Blues *Joachim Ringel- natz*	Sich selbst Mut machen, wenn man traurig ist oder mutlos	•	84
Nicht heute *Anne Steinwart*	Sorgen auch einmal beiseiteschieben und einfach den Tag genießen	••	85
Was für ein Tag! *Leoni Frisch*	Jeder schlimme Tag hat auch schöne Mo- mente, man muss sie nur sehen	••	86
Daseinsgenuss *Theodor Fon- tane*	Pflücke den Tag!	•	88
Mensch sein *Rosa Luxem- burg*	Mensch sein, Mensch bleiben, trotz aller Widrigkeiten	•	88
Vergiss die Träume nicht *Irischer Segens- wunsch*	Segenswünsche für schwierige Zeiten	••	89
Wanderlust *Wilhelm Busch*	Den nicht immer leichten Lebensweg mit Humor gehen	•	90
Ein Ehepaar erzählt einen Witz *Kurt Tucholsky*	Auch ein Witz muss richtig erzählt werden	•••	92

Titel AutorIn	Thema	Vor- lese- zeit	Seite
Kleine Fabel *Franz Kafka*	Lebensweisheit für ängstliche Menschen	•	98
Aurelias unglücklicher Bräutigam *Mark Twain*	Soll man einen Unglücksraben heiraten?	•••	98
Die alte Sorge *Wilhem Busch*	Reichtum bringt echte Sorgen nicht wirklich zum Verschwinden	•	103
Ich gehe mit ei- ner langen Frau *Kurt Tucholsky*	Wie man mit eigenen und fremden Beson- derheiten umgeht	••	104
Ein Wort gibt das andere *Johann Peter Hebel*	Unglück ist Ansichtssache	••	107
Mehr Glück als Verstand *Mark Twain*	Nur weil jemand ein hohes Amt bekleidet, heißt das nicht, dass er auch ein kluger Mensch ist	•••	108
Märchen *Kurt Tucholsky*	Was dem einen als höchste Kunst erscheint, erscheint dem anderen wertlos	••	117
Charité-Vorfall *Heinrich von Kleist*	Wie man Unglück mit Gelassenheit erträgt	••	118

Quellenverzeichnis

Wir danken nachstehenden AutorInnen und Verlagen für die freundlich erteilte Abdruckerlaubnis:

Peter Bichsel Mit freundlichen Grüßen, aus: ders., Kolumnen. ©Suhrkamp Verlag Frankfurt am Main 2005. Alle Rechte bei und vorbehalten durch Suhrkamp Verlag Berlin

Heinrich Böll Anekdote zur Senkung der Arbeitsmoral, aus: „Werke. Kölner Ausgabe. Bd. 12. 1959–1963" von Heinrich Böll Herausgegeben von Robert C. Conrad ©2008, Verlag Kiepenheuer & Witsch GmbH & Co.Kg, Köln/Germany

Phil Bosmans Die Kunst des Clowns, aus: ders., Vergiss nicht zu leben, Verlag Herder GmbH, 2007 Freiburg i. Br., S.136–138, mit freundlicher Genehmigung von Verlag Herder GmbH

Phil Bosmans Die beste Medizin, aus: ders., Vergiss die Freude nicht, Verlag Herder GmbH, 2009 Freiburg i. Br., S.26, mit freundlicher Genehmigung von Verlag Herder GmbH

Lily Brett Das Auto, Textauszug aus: dies., New York. Aus dem Amerikanischen von Melanie Walz. ©Suhrkamp Verlag Frankfurt am Main 2001. Alle Rechte bei und vorbehalten durch Suhrkamp Verlag Berlin.

Paulo Coelho Play it again, aus: ders., Unterwegs/ Der Wanderer, aus dem Brasilianischen von Maralde Meyer-Minnemann, Copyright der deutschsprachigen Ausgabe ©2004, 2007 Diogenes Verlag AG, Zürich

Anthony de Mello Ein schöner Tag, aus: ders., Eine Minute Unsinn, Verlag Herder GmbH, 1999 Freiburg i. Br., S.49, mit freundlicher Genehmigung von Verlag Herder GmbH

Anthony de Mello „Die Kuh im Wohnzimmer", aus: Ders., 365 Geschichten, die gut tun. Weisheit für jeden Tag. Hrsg. von Jorg Lix ©Verlag Herder GmbH, Freiburg i. Br. 2009, S.49

Bruno Dörig Schale sein, © Rechte beim Autor

Erich Kästner Das Märchen vom Glück, aus: Ders., Der tägliche Kram, © Atrium Verlag Zürich 1948 und Thomas Kästner

Ute Latendorf Sonne, © Rechte bei der Autorin

Christa Spilling-Nöker Flügel wachsen lassen, aus: dies., Einfach gerne leben!, Verlag Herder GmbH, 2008 Freiburg i. Br., mit freundlicher Genehmigung von Verlag Herder GmbH

Vreni Merz Täglich, aus: dies., Und Leib und Seele atmen auf. Einladung zum Ferienmachen © Mathias Grünewald Verlag der Schwabenverlag AG, Ostfildern 2007. www.verlagsgruppe-patmos.de

Anne Steinwart Nicht heute, © Rechte bei der Autorin

Anne Steinwart Mittwochs im Mai, © Rechte bei der Autorin

Pierre Stutz Ein Kräutergarten für die Seele, aus: ders., Zeit des Wachsens, Zeit des Reifens, Verlag Herder GmbH, 2007 Freiburg i. Br., S. 71–73, mit freundlicher Genehmigung von Verlag Herder GmbH

Petra Urban Aus dem Leben ein Fest machen, aus: dies., Mein Herz tanzt in den Himmel © 2012, Vier-Türme GmbH, Verlag, Münsterschwarzach

Hannah Valentin Vergessen können, aus: dies., Ein Tag voller Gelassenheit, Verlag Herder GmbH, 2002 Freiburg i. Br., S. 27, mit freundlicher Genehmigung von Verlag Herder GmbH

Jörg Zink Ich liebe, aus: ders., Die Urkraft des Heiligen, Verlag Herder GmbH, 2008 Freiburg i. Br., mit freundlicher Genehmigung von Verlag Herder GmbH